本书得到滨州学院理论语言学及其应用科研创新团队和山东省教改项目（项目编号：10449M201801）的资金支持

英汉运动事件语义编码认知研究

韩春兰 著

哈尔滨工业大学出版社
HARBIN INSTITUTE OF TECHNOLOGY PRESS

内容简介

本书以 Talmy 的运动事件框架为基础,从焦点、背景、路径、运动、方式等层面对英语、汉语的语言编码形式做了对比研究,并努力挖掘其背后的认知理据。通过语料分析发现,汉语既是卫星框架语言,也是动词框架语言,这两种编码形式在汉语中都很普遍。

本书可供外语学科语言学和汉语语言研究领域的学者阅读和参考。

图书在版编目(CIP)数据

英汉运动事件语义编码认知研究 / 韩春兰著 . —哈尔滨:哈尔滨工业大学出版社,2020.8
ISBN 978-7-5603-9026-0

Ⅰ. ①英… Ⅱ. ①韩… Ⅲ. ①英语 - 类型学(语言学)- 对比研究 - 汉语 Ⅳ. ① H31 ② H1

中国版本图书馆 CIP 数据核字(2020)第 160507 号

策划编辑	闻 竹
装帧设计	郝 棣
责任编辑	马 媛
出版发行	哈尔滨工业大学出版社
社　　址	哈尔滨市南岗区复华四道街 10 号　邮编 150006
传　　真	0451-86414749
网　　址	http://hitpress.hit.edu.cn
印　　刷	哈尔滨圣铂印刷有限公司
开　　本	787mm×960mm　1/16　总印张 12.75　总字数 160 千字
版　　次	2020 年 8 月第 1 版　2024 年 6 月第 2 次印刷
书　　号	ISBN 978-7-5603-9026-0
定　　价	80.00 元

(如因印装质量问题影响阅读,我社负责调换)

前　言

　　运动是我们体验最早，也是最基本、最具有普遍性的经验之一。运动这一概念，所有的语言都运用一定的方式对其进行了语言编码并把它投射到其他的概念域。因此，运动事件为我们提供了一个研究语言和认知的窗口，具有重要的理论意义和实践意义。本书基于认知语言学的理论背景，运用Talmy提出的运动事件框架理论，对英语和汉语中运动事件的语言编码形式及其理据进行了初步的研究。研究成果可为认知语言学的基本观点提供佐证材料，即语言是主客观互动的结果，是人们通过感觉器官在对客观世界不断体验的基础上经认知加工逐步形成的，呈现了操不同语言者如何建构他们所感知的现实世界。本书共分为八章：

　　第一章为理论背景。本章阐释了本书所秉持的语言观。语言是对现实世界进行编码的一种符号体系，但不是对现实世界的镜像反映，而是中间有一个认知中介层将不同的语言表达形式和现实世界联系起来，认知中介层就是人和现实世界互动形成的各种概念和概念结构。现实世界通过这个认知中介层"折射"到语言表达上，因此语言表达也就不可能完全对应于现实世界。不同语言社团在不同的社会环境和历史变革中具有不同的特点和思维方式，从而面对相同的现实世界会进行不同的编码。

　　第二章为运动事件表述述评。本章评述了Fillmore、Langacker

和Talmy等人对运动事件的认知解读，分析了各自的优缺点。Talmy对运动事件的概念成分分析更为充分和详细，在将其运用于跨语言分析时能够保持一致性。因此，本书基于Talmy提出的语言类型分析框架，对比分析英汉运动事件不同的概念化及其表征形式，并对此做深入探讨和研究。

第三章为焦点与背景的认知解读及其语言编码形式。本章解读了运动事件中焦点与背景的认知含义。焦点和背景的概念化体现出"可移动性"特征，除此之外，还体现出情景依赖性和临时性特征。在语言表现形式方面，除个别情况，绝大多数情况下焦点与背景基本上都是用属于同一语法范畴的独立词项表示。句法位置的呈现表现出"焦点优先于背景"的原则，即人类认知中凸显的概念成分在句法角色分配中具有优先性，表现了概念凸显度和句法角色分配之间的关系。汉语中背景的句法位置不固定，比较灵活，主要是由于卫星词方向值的不同，在这一方面表现出英语和汉语对同一场景的不同扫描方式。

第四章为路径的认知解读及其语言表达形式。本章分析解读了路径这一概念包含的五个成分：矢量（vector）、构型（conformation）、方向（direction）、维度（dimention）和视角（perspective）。英语对路径的编码典型地用介词、副词来表达。汉语对路径的编码往往用动词、趋向动词和介词表达。英语在对路径的识解中凸显了背景物体的构型和维度，而汉语对路径的识解广泛运用指示词"来"和"去"，凸显了人类在这一识解过程中的主动性。

第五章为英语运动方式动词的语义概念特征。本章在以往研究文献的基础上，调查了英语运动方式动词中主要编码了哪些语义概念。根据编码的语义特征，英语运动方式动词可以分为两大类：第一大类主要与动作行为本身相关，第二大类与运动物体相关。

第六章为汉语运动方式动词的语义概念特征及词汇化模式。英语和汉语对运动方式的词汇化存在差异，词汇化于英语运动方式动词中的意义成分在汉语中通常不能用单音节词表示，而是通过复合词、多音节词或特定的结构表示。在描写行走步态方面，英语有丰富的方式动词，词汇化程度较高，而这类概念在汉语中往往通过状语、复合词和其他的结构来表达。与运动物体本身相关的伴随特征，汉语词汇化程度很低，几乎没有词汇化于汉语动词中。

第七章为汉语运动事件的类型归属问题。本章对汉语的类型归属研究做了一个纵向的梳理，然后通过实证分析发现，汉语既不是纯粹的卫星框架语言，也不是纯粹的动词框架语言，而是兼而有之，这两种编码方式在汉语中都很普遍，动词框架的编码形式略占优势。

第八章为语言与认知中的运动事件研究。这些研究成果详尽地向我们展示了语言和思维之间的关系。尽管语言不能决定思维，没有语言的助力思维也可能存在，但是，在特定的环境条件下，语言会对认知过程产生影响。语言对思想产生影响的程度受到许多因素的影响，比如，不同的概念域、语言范畴的特定特征、实验任务在多大程度上激起或抑制语言的使用等。

目　录

绪论 1

第一章　理论背景 7
- 第一节　认知语言学的哲学基础 7
- 第二节　认知语言学的语言观 9
- 第三节　认知语言学的语义观 14
- 第四节　认知语言学的几个重要概念 23
- 第五节　认知语言学的三种表征方式 31
- 第六节　小结 33

第二章　运动事件表述述评 34
- 第一节　运动事件概念的界定 34
- 第二节　对运动事件的不同表述 36
- 第三节　小结 44

第三章　焦点与背景的认知解读及其语言编码形式 46
- 第一节　焦点与背景的界定 46
- 第二节　焦点与背景的语言编码形式及句法位置 52
- 第三节　焦点优先于背景的句法顺序原则 64
- 第四节　小结 66

第四章　路径的认知解读及其语言表达形式 68
- 第一节　"路径"含义的框架体系 69

第二节	英语路径的编码形式	81
第三节	汉语路径的编码形式	83
第四节	小结	99

第五章　英语运动方式动词的语义概念特征……101

第一节	"方式"概念的界定	102
第二节	研究方法和材料来源	109
第三节	英语运动方式动词的概念特征	111
第四节	小结	116

第六章　汉语运动方式动词的语义概念特征及词汇化模式……117

第一节	研究的问题和方法	117
第二节	汉语运动方式动词的类别	121
第三节	英语、汉语运动方式动词比较	124
第四节	汉语中特有的现象	131
第五节	英语中特有的现象	134
第六节	英汉运动方式动词的词汇化模式差异对翻译的影响	142
第七节	小结	144

第七章　汉语运动事件的类型归属问题……146

第一节	Talmy 的词汇化模式理论	146
第二节	汉语类型归属的三种观点	149
第三节	对汉语类型归属的实证性研究	151
第四节	小结	155

第八章　语言与认知中的运动事件研究 …………… 157
第一节　语言相对论研究 ……………………… 157
第二节　语言和思维 …………………………… 159
第三节　语言与认知中的运动事件 …………… 162
第四节　言语证据与非言语证据 ……………… 166
第五节　小结 …………………………………… 174

参考文献 ……………………………………………… 175

绪　　论

一、英汉运动事件语义编码认知研究的意义

1. 理论意义

语言的认知研究已成为语言学研究的主要范式之一，即从认知的角度阐释语言的形成机制。运动是人类生活中最具有普遍性的经验域之一，具有广泛性和普遍性，在所有的语言中都被概念化并且有其对应的语言表征形式。运动事件的研究能为我们提供一种洞察语言的方式——即操不同语言者在描述事件时是如何组织他们的经验材料的、人类的经验是如何通过词项（lexical items）的语义成分被编码为语言的。在不同的语言或语群中，语言表征的方式存在很大的不同，它与我们的体验感知、认知途径、识解方式、心智框架等密切相关。由于不同的表征方式，在不同的语言中，语义成分表达的凸显度就不一样。比如，在动词框架语言（verb-framed language）中，动词词根凸显的是路径；而在卫星框架语言（satellite-framed language）中，动词词根凸显的是方式。不同的语言并不仅仅是表达同一语义成分的不同方式，它们所表达的语义信息内容并不完全一样。认知语言学的代表人物 Talmy 认为，认知语义学的研究就是对语言中概念内容及其组织形式的研究，他把意义看作概念化，认为其与人类认知的

方式密切相关。Langacker将意义等同于基于身体经验的概念化（conceptualization），认为其大致等于认知加工、心智加工。意义等于在心智中被激活的相关概念内容，以及加于其上的识解。概念化的"化"凸显了概念化主体的主观识解因素和意义的动态化特征，抛弃了客观主义理论的镜像观、静态观。语言和客观世界不是直接联系的，中间要通过认知平面作为中介，认知有主观性、民族性，而人的认知内容必然会反映到语言中来，语言形式是体验、认知、语义、语用等多种因素促动的结果。本书将进一步验证认知语言学的基本观点，即语言是人们通过感觉器官在对客观世界不断体验的基础上经认知加工逐步形成的，是主客观互动的结果，可以反映出操不同语言者是如何建构他们所感知的现实世界的。

2. 实践意义

Talmy的这一类型学视角为语言与认知的关系研究打开了一扇新的窗口，引起了广泛讨论和研究，主要表现为利用语言在运动事件表达上的类型差异来验证语言相对论的有效性，以及把这种类型差异应用于形成叙述风格、语际翻译以及语言习得等领域，为语言问题的研究开辟了一个新视角。

运动事件的类型学研究不仅是跨语言对比的一种有效途径，而且被用来调查语言知识如何对人们的非语言任务，如判断和记忆产生影响。也就是，语言的结构特征会影响语言使用的习惯模式和事件的概念表征。Slobin不但对比了运动方式动词跨语言的不同，而且认为方式凸显度高的语言会使说话人经常地注意运动方式，并且更容易提供有关方式的信息。

本书可为英语教学、对外汉语教学、翻译、文体学等方面的研究提供借鉴。运动事件表达还为翻译问题提供了类型解释。虽然人类可能拥有相同的运动事件框架，但不同的语言会用不同的方式表达这一框架。动词语义合并方式的差异不仅影响了句法结构和叙述效果，也给语际翻译带来了难题。

潘文国先生说，语言研究的最终目的是"实践"，是为了用来指导实践，这是符合辩证法的。理论的基础是实践，实践又反过来进一步丰富理论研究。

二、运动事件研究现状

1. 国外研究现状

美国认知语言学家 Talmy 是第一个从类型学角度对运动事件进行系统描写和分类的学者。他根据运动事件的词汇化模式，把世界上的语言归为动词框架语言和卫星框架语言。

Slobin 把运动事件框架理论应用于语言相对论研究。根据运动事件表达的对比结果，Slobin 用"thinking"和"speaking"取代了沃尔夫假说中的"thought"和"language"，提出了"思而后说"（thinking for speaking）假说，用以指因交际需要而调动起来的一种特殊思维形式，强调语言表达之前语言思维（而非思考本身）的重要性。此后，又有不少学者把运动事件理论应用到语言与认知的关系研究。值得注意的是，这些研究得出了不同的结论。Papafragou 等发现运动路径和运动方式在希腊语和英语受试者中具有同样的认知显著性。

各种语言在运动事件表达上的类型差异会影响不同语言的叙述风格。"青蛙故事研究"中，Slobin 对三种动词框架语言（西班牙语、希伯来语和土耳其语）和两种卫星框架语言（英语和德语）进行了运动事件对比研究，发现英语和德语在描述运动事件的文本中，侧重对运动方式的描述，并且存在着大量的动态路径，而西班牙语、希伯来语和土耳其语的叙述文本侧重于描述处所以及运动的结果状态。

运动事件表达也用于语际翻译的研究。在语际翻译领域，运动事件理论为译本呈现的不同表达倾向和翻译问题提供了类型解释。Slobin 从类型对比出发，对照了英语小说 *Hobbits* 的 10 个翻译文本，结果发现两种类型的语言在运动事件表达上的差异对不同语言类型之间的翻译造成了很大影响，其中最让动词框架语言译者为难的是描述运动方式的表达式翻译：一方面，动词框架语言中的方式动词远不如英语的方式动词丰富，因此，很多表示运动方式的信息在翻译为动词框架语言时被省略了。有些译者在翻译时也使用方式动词，但仍不及原文中的表达生动形象。另一方面，出于忠实原文的考虑，动词框架语言的译者在翻译卫星框架语言时，往往要在文本中添加好多方式状语、定语等来描述运动方式。但如果过于忠实原文，偏离译者的母语生态，会使译文显得不自然、不地道。

2. 国内研究现状

国内学者对运动事件的研究主要涉及汉语的类型归属问题，张亚锋的《汉语是卫星框架化语言吗？》从共时和历史的角度考察，认为汉语是卫星框架语言。陈佳、赵友斌的《也论现代汉语的运动事件词汇化语义编码模式》一文，也从共时和历史的角度出发，但得出汉语是动词框架语言的结论。唐晓磊在《现代汉语运动类事件表达的结构特征》一文中，得出的结论是汉语既不是典型的卫星框架语言，也不是典型的动词框架语言，是处于两种语言之间的第三类语言：卫星框架和动词框架兼有型语言。

另外如罗杏焕的《英汉运动事件词汇化模式的类型学研究》、汪文刚的《运动事件动词语义成分合并方式差异与影响》等在文章中对英汉运动事件词汇化模式进行了研究，但只限于路径的表达方式，并没有对英汉运动事件的词汇化模式进行一个全面系统的研究。

三、研究内容

1. 焦点与背景的认知解读及其在表达英汉运动事件时句法位置的不同。
2. 路径的概念成分及英语和汉语中路径编码方式的异同。
3. 方式动词包含哪些概念成分？英语和汉语中动词编码方式的异同。
4. 探讨汉语对运动事件描述的类型归属问题。

四、研究方法

1. 描写与解释相结合

语言研究既要对语言现象进行恰当的描写，也要对语言现象做出合理的解释。解释的基础是描写，这两者相辅相成，解释语言现象应该是语言研究的最终目的。本书采用描写与解释相结合的方法，对英汉两种语言中描写运动事件的语言现象进行分析，力图发现两种语言中运动事件词汇化模式的异同，并对它们产生的深层原因进行解释和说明。

2. 对比分析法

对比分析法是我们在无限的语言事实中寻找语言本质特征的一种可靠方法。本书就是把语义作为常量，分析出各种概念成分，然后考察不同的语言怎样用相似或不同的形式来表现它们，从中找出规律性的东西，即揭示语言中意义和其表达形式（外在的语言形式）之间系统的关系。

3. 定性与定量相结合

本书在对语言现象进行充分描述和理论解释等的基础上，对英汉运动事件词汇化模式进行定性研究，同时适当地进行定量分析，以便得到更加客观的结果。

4. 语料库研究法

语料库研究法在当代语言学研究中越来越受到青睐，得到越来越广泛的应用。这种方法将研究建立在真实的语言材料上，避免了人为的主观干扰，克服了内省式研究方法的不足，得出的结论会更加符合语言实际，因而更加令人信服。

五、语料来源

1. 北京大学中国语言学研究中心开发的现代汉语和古代汉语语料库（简称 CCL 语料库），网址为 http://www.luweixmu.com/index1.htm。

2. BNC（British National Corpus），网址为 http://www.natcorp.ox.ac.uk。

3. WordNet 3.0，网址为 http://wordnet.princeton.edu/perl/webwn。

4. 工具书：《现代汉语词典》《汉语动词用法词典》《现代汉语常用词用法词典》《新牛津英语双解词典》。

5. 文学作品：《飘》《围城》《骆驼祥子》等。

第一章 理论背景

20世纪70年代，语言学研究领域占据着主流地位的仍然是由乔姆斯基开创的转换生成语法学，但与此同时，一些语言研究者把研究的关注点从研究结构的内部特性去解释语言现象转向注意语言结构与外部世界的联系，尤其关注语言和认知的关系。这批研究者共同的研究兴趣及其产生的研究成果逐渐汇集，形成了一个新兴的语言学研究方向——认知语言学，它是在继承和批判转换生成语法学派的基础上发展起来的。因此，语言研究也就进入了认知研究的新阶段。

第一节 认知语言学的哲学基础

2 000多年来，人类对语言的研究至少已经历了4个阶段：古典语文学、近代历史比较语言学、现代结构主义语言学和生成语言学。目前，越来越多的人关注认知语言学。每个阶段的语言研究都要受到哲学思潮的影响，哲学是文化的根、语言学的摇篮，任何语言观都建立在一定的哲学基础之上。乔姆斯基所代表的形式语言学派的哲学基础是二元论、天赋论，基于笛卡儿哲学，其心理学基础是心智主义。与起源于20世纪50年代的第一代认知科学的观点基本一致。这一代认知科学主要是基于客观主义哲学观,认为范畴、特征、关系等是客观存在的,独立于人的主观意识,与人的身体经验、神经系统、认知方式等无关。外部世界的内部表征就是心智和意义,是对自然界做出的客观、镜像的反映,忽略了人在范畴与概念的形成过程中的能动作用。这种哲学观影响了形式逻辑、认知心理学、人工智能、生成语言学,它们共同认为可用形式化的方法、一些抽象的符号来表征和描写心智和推理,对这些抽象符号的机械运作就形成了思维,这些符号本身就像计算机语言一样,是无意义的。因此,生成语言学将语言视为抽象符号及其规则的运算操作系统,重视形式、忽略意义、追求数学式的形式化表述,认为句法自主等。

认知语言学派以体验哲学为基础,认为人与外部世界的相互作用是心智和思维产生的基础,人类在与外部世界的交互过程中通过自己的身体获得经验,这种体验感知基于人的生理系统,贯穿在心智活动的整个过程之中。人形成的整个概念系统都来自和植根于知觉、身体运动和人在物质与社会环境中的体验。Lakoff等人指出:"从最根本的意义上来说,心智是基于身体经验的,意义是基于身体经验的,思维也是基于身体经验的,这种身心合一的认知观是体验哲学的实质。"这与第二代认知科学的观点基本一致。第二代认知科学出现于20世纪70年代,是对第一代认知科学的挑战,对其观点进行了尖锐有力的批判,坚持体验哲学观,反对分析哲学,认为概念、范畴、心智都来自身体经验,语言、句法都不是自治的,意义是在身体经验、大脑与客观外界互动的基础上产生的,而不是通过符号与世界的连接产生的,与传统的真值对应论、真值条件论针锋相对。这与第一代认知科学所倡导的语义理论形成了鲜明的对比。

人类智能的奥秘是当今科学最感兴趣的课题之一。生成语言学、认知语言学正以其崭新的范式、理论体系和研究成果支持着人类智能的研究,寻找人类语言的共性。人类思维智能如同一个大花园,而生成语言学、认知语言学是通向这个大花园的许多路径中的两条不同路径,都是重要的、可行的。对于某种语言研究方法,需要联系其对语言本质的认识、理论基础、研究目标和研究方法等方面进行正确评判。从这些方面来看,生成语言学与认知语言学具有一致性,它们在多学科交叉的层面上既做出了自身的贡献,又能彼此吸收营养,从而为人类认识自我,探索大脑奥秘增添新的希望。

第二节　认知语言学的语言观

广义上讲,认知语言学包括3个大的流派:形式派、神经派和经验派。形式派是指乔姆斯基的转换生成语法体系。神经派是指 Lamb 的层次语法和神经语言学。经验派指 Lakoff、Tailor、Langacker、Talmy 等人倡导的经验主义认知语言学派。

狭义上讲,认知语言学只指经验派。本书讨论的语言学是狭义上的认知语言学。经验派以体验主义为理论基石,研究人们使用的语言如何体现了感知世界、观察事物的方式,以及在语法允许的范围内,人们为何选择不同的词语、句法来表达意义。认知语言学认为语言是一种认知活动,研究语言形式和意义之间存在的关系,并重点突出语义在不同句法结构中的作用。Geeraerts 归纳了认知语言学的三大基本点:

(1)语义在语言分析中占有首要地位,因为传达意义是语言的首要功能。

(2)语义具有百科知识的特点,语义的确定必须参照百科全书般的概念内容和人对这一内容的理解。

（3）语义具有透视特征，语言反映的世界不是镜像的客观世界，而是对范畴化概念结构的映现。

认知语言学的体验哲学观与生成语言学的客观主义认知观针锋相对。生成语言学的三大立足点是：

（1）语言知识的模块性，即语言知识可以分解为各自独立的音系学、句法学和语义学等模块。

（2）句法的自主性，即句法不依赖于语义。

（3）可以用真值条件语义学来刻画自然语言的意义。

生成语法的核心语言观是客观主义认知（objective cognition）观，其对语言的根本看法是：

（1）语言由一套抽象符号构成，是一个具有完全自主性的自足系统，是完全客观的、镜像的，类似于逻辑和数学，属于形式科学。

（2）句法具有独立性，可以作为独立的体系对其进行描述，语法注重形式而不是语义，对于话语是否合乎规范只依据语法结构考察，无须考虑意义。

（3）客观主义认知观认为语义只能用形式逻辑来描述，以真值条件为基础，其理由是，语义学建立在客观的真值条件上。

（4）语言描写的范围不包含隐喻和意义引申之类的现象。

认知语言学的体验哲学观批判了传统的唯理主义哲学观，其核心语言观是：

（1）语言不是一个自足的独立系统，语言能力是人的一般认知能力的一部分，对语言的描写必须参照认知过程。

（2）语言结构以人类的概念和身体经验为理据，与话语功能有关。

（3）句法与语义、词汇密不可分，词汇和句法是一个连续统，居于符号单位的两端，这个连续统是一个整体，但往往被人们任意地分解成了单独的成分。语法结构是概念内容的符号化，本身也有意义。

（4）语义与人的主观认识紧密相连，不是客观的真值条件。形式语义学对意义的解释是不充分的。语义结构的描写基于我们头脑中所拥有的百科知识，反映了头脑中所映现的客观情景，内容的建构方式也体现在语义结构上。

唯理主义哲学观认为思维是对抽象符号的机械操作，符号只有通过与外界事物发生关联才能获得意义，可与世界上的事物相对应，独立于任何机体的特定性质。心智如同计算机的运行，对抽象符号进行操作运算。心智是对外在现实的内在表征，是对自然的镜像反映。认知主体在概念结构及理性的形成方式方面不起作用。思维不受人体感知系统以及神经系统的任何限制，具有先验性、抽象性和原子性特征。思维所用的符号如同简单的积木，这些积木根据组合规则形成或简单或复杂的形式。这些操作方式形成思维逻辑，即思维可以用数理逻辑中的系统精确地建构模型。

认知语言学反对上面的观点，认为概念的形成受到人类生理构造的影响，并且基于身体与外界的互动，人类丰富的想象力在概念的形成过程中也发挥了重要的作用。并对客观主义观点做了很多批判：

（1）范畴不是客观独立的，它具有主客观性和依存性。它通过人的主观作用被认识，而不是独立于人的意识的客观存在。在范畴化过程中，必须充分考虑到人的因素，客观外界不可能独立于人的意识。

（2）人类思维具有体验性和互动性。心智依赖于身体，二者不可分离。笛卡儿的二元论是完全错误的，心智对客观世界的反映也不是客观的。"人类的范畴划分、概念、心智、思维、推理、意义都是基于实践性的体验，它们是身体与客观外界互动的产物。"

（3）心智结构具有隐喻性和完形性，因此人类的心智不可能被分解为建造构块。人具有主观能动性，在心智结构的形成过程中，隐喻、换喻的运用使得人类不断形成更为复杂的、抽象的概念。体验哲学认为人类的思维、心智、推理乃至语言在本质上都是隐喻性的，具有创造性。

（4）概念结构具有非符号性和建构性。概念结构是人们在体验客观世界的基础上通过人们的主观认识建构的，具有主观性，不是与外界完全直接对应的，不能用一套符号来进行精确运算。人类的概念结构和语言结构只能借助认知模型、识解等认知方式来描述。

（5）意义系统具有动态性、模糊性、整合性和相对性的特点。意义基于体验，是主客互动的结果，不能通过符号运算而获得。原型范畴理论是意义的主要来源。因此，认知语言学的经验主义认知观的信条主要表现在以下方面：

（1）思维具有体验性，概念系统之间的结构关系来源于身体经验并依据身体经验而获得意义。人类概念系统的核心内容以人类的感知运动系统和身体经验为基础。

（2）思维具有想象力。抽象概念的形成往往需要借助于隐喻、转喻和心理意象等方式，超越了外在现实的直接映象或表征。抽象思维的产生能够使心智超越我们所看到的和感知到的。这种想象力好像是脱离了客观现实，实际上是不能脱离形体的，因为隐喻、转喻和意象都产生于经验，通常以身体经验为基础，超越了我们具体感知到的客体。

（3）思维具有完形特征，是格式塔，概念是建构的，而不像搭积木。因此，思维具有生态性，不仅仅是抽象符号的机械操作。概念结构不能通过形式逻辑描写，但可以借助于认知模型。

认知语言学包括一系列不同的研究取向、方法和侧重点，是"坚持体验哲学观，以身体经验和认知为出发点，以概念结构和意义研究为中心，着力寻求语言事实背后的认知方式，并通过认知方式和知识结构等对语言做出同一解释的、新型的、跨领域的学科"。

Lakoff 和 Johnson 认为生成语言学代表着第一代认知科学，肇始于 20 世纪 50 年代的认知心理学研究，当时转换生成语言学占据主导地位，是语言学研究的主流学派。它的哲学基础是英美分析哲学和先验哲学，认同客观主义、形式主义、认知主义、二元论等观点。

认知语言学的体验哲学观与第一代认知科学的哲学观针锋相对，是对分析哲学基本观点的巨大挑战。它认为句法不是自治的，意义给予我们的体验和世界的互动是通过身体和想象力获得的。认知语言学和转换生成语言学反对行为主义语言观，主张通过研究语言来研究人的思维过程和认知策略，对由知识组成的心理结构很感兴趣。认知语言学认为这些结构组成自然语言，并且相关联的知识就是世界知识。生成语言学家认为这种心理结构是天赋的，是人类与生俱来的，二者存在一系列的分歧，见表1.1：

表 1.1　TG 语言学和认知语言学的一系列分歧

	TG 语言学	认知语言学
哲学基础	混合哲学（笛卡儿哲学＋形式主义）	体验哲学
心理学基础	反对行为主义，提倡心智主义天赋论、符号论	基于经验的心智主义、互动建构论、连通论

续表

	TG 语言学	认知语言学
语言自治性	语言是一个自治的系统，原则上独立于其他知识和认知技能	语言不具有自治性，需参照认知过程，具有体验性，是人的一般认知能力的一部分
句法自治性	句法是语言的一个自治系统，以形式特征为基础	句法不具有自治性，具有体验性，与语义、词汇密不可分。以语义特征为基础
语义与客观主义	语义可用客观主义的真值对应论和真值条件论来描写	非客观主义；语义不仅反映客观现实，还跟人的主观认知密切相关，是主客观互动的
形式/功能	形式主义	功能主义
优先性	生成性先于概括性。语言为一个抽象的符号系统，须找出其后有限的形式规则	概括性先于生成性。概括的承诺（寻求一般原则）、认知的承诺（探索认知规律）
普遍性	普遍语法	语法结构、语义结构因语言而有较大差异
语言与认知	将自然语言视为认知关系的客体；对语言知识感兴趣，并研究人是如何获得语言知识的	自然语言是主客体之间的中间环节；通过语言对世界知识感兴趣，研究自然语言对世界知识有何作用

第三节　认知语言学的语义观

认知语言学的代表人物有 Fillmore、Lakoff、Langacker、Fauconnier、Talmy 等。尽管他们的语言描写方法不尽相同，但他们的语言观基本相同。认知语言学可以分为两大基本内容：认知语义学和认知语法学。Lakoff & Johnson 认为："认知语义学主要研究人类的概念系统、意义和推理，简而言之，研究人类的理性。"相对而言，认知语法学更关注语言系统，而不是心智特征。

但是认知语法研究以语义研究为中心和基础，研究形式无法脱离意义。

一、对意义的不同界定

从古至今的哲人都对语言意义进行过哲理的思索和观察，他们从不同的角度和自己的学术偏好出发，对意义做出过多种不同的界定，如：有将语义与所指对象联系起来的指称论；有与人们头脑中产生的意念联系起来的意念论或观念论；有与命题的真值联系起来的真值对应论；有与语言的实际用法，或与语句所起的功能联系起来的用法论；有与言语交际时的社会情景联系起来的语境论；有与受话者的反应联系起来的反应论；有与言语行为及其所引起的效果联系起来的言语行为论；有与发话者的意象和所欲达到的目的联系起来的意象论；还有与人类的感知体验、范畴化、概念化、认知过程、推理能力联系起来的认知论；另外还有成分论、替代论、关系论、现象学语义观、存在主义语义观、解释学语义观、多元论等。这些意义观都反映了意义的某一或某些特点，互有补充，在批判继承的过程中不断加深我们对语义理论的认识。

语义学是对语言意义的科学研究，semantics（语义学）作为术语出现在 19 世纪，但人们很早就开始了对意义的研究。语言作为一套抽象符号系统，通过意义与现实世界发生联系。在语言数千年的发展过程中，语义研究大致经历了两次转向：一是从哲理思索到神学思辨；二是从神学思辨探索转向文艺复兴时的人文理性探索。语义的人文哲学探索就经由历史语言学向现代科学研究发展，这种语义的科学研究仍然是以人文哲学思潮为背景的。从 19 世纪开始，由于当时科学主义思潮的兴起，语义研究方法出现了新的特点，逐渐趋于实证研究，其又可分为初期的以词汇为中心的传统语义学时期和随后摆脱结构主义束缚而高潮迭起的现代语义学时期。而这种语义学复兴又是以后现代的经验主义和主观主义哲学为背景的。

哲学的最大学术关怀在于对世界的认识，即对万事万物及其联系和互动的认识和理解。与"认识"近义的术语就是目前盛行的术语"认知"，《辞海》的解释是："认知就是认识，指认识客观事物、获得知识的活动。"我们认为，认识和认知还是有区别的。当我们对现实世界有所观察和感悟就是对世界有所认识了。"观察"这个词已经告诉我们，我们在"观"的视觉活动中必然伴有"察"的思维活动。认知科学认为，人是一个主动的信息加工者。人对世界进行经验性的感悟，这种感悟在人类大脑中形成有结构的概念范畴，这些概念范畴再整合到已有的知识系统中（即概念化），最后用语言系统表现出来（即客体化）时，这个认识就因这种信息加工而成为认知，认知因此是范畴化了的认识。

二、语义研究的几个阶段

张维鼎（2007）认为，语义学研究从时间上可分为以下几个阶段：

1. 中西方古代哲学里的语义研究

语言研究始于人类进入文明社会的时期，当哲学思辨的目光投向语言时，语义研究就开始了。古希腊语中没有相当于"语言"的名词，但是有表示"理性认识"的"逻各斯（logos）"，古希腊语就是用逻各斯来表示"语言"的。赫拉克利特首先对其进行了系统的讨论，他认为逻各斯是文明人的理智和普遍性的世界认知规律，这种认知规律虽然无处不在，却又不为大多数人了解，因为它深藏不露，行踪诡秘。自古希腊以来，关于逻各斯的理论探索一直活跃在西方哲学和语言学中。

中国古代哲学也对意义与对世界的认知进行了理论探索，主要涉及"道""言""意""象"之间的辩证关系。比如"言"能否尽"意"的争论、"意"生于"象"还是"象"生于"意"的辩论，以及"立象以尽意"和"得意而忘言"的观点，中国哲人关于言语意义与对世界的认知的这些辩论似乎都可以在当代语言哲学和认知语义学理论中找到曲折的表达。

2. 中世纪的语义神学性研究

中世纪的经院哲人注重词语的意义指称功能，他们企图从逻辑学、认知哲学和形而上学的范畴系统中发现语言范畴的认知意义。他们的语法被称为思辨语法。思辨语法学习者强调，词语是一种符号，它一方面与人的心智相联系，另一方面又与它所指称的实物相联系。思辨语法学者并不认为词语直接表示它们所指事物的性质，而是以一种特有方式，即模式，来表示其性质，如：实体模式、行为模式、性质模式等。这种模式在语言里以词性的形式出现。比如名词就是实体模式的语法表现、动词是行为模式的表现、形容词是性质模式的表现、副词是方式模式的表现等。思辨语法的模式理论似乎昭示着当代认知语义学中的语义范畴及认知模式理论。思辨语法学者还认为，在人类一切语言的背后有一种反映客观世界存在的、具有普遍永久性的普遍语法。这个观念在笛卡儿和唯理语法中有了回响，在乔姆斯基转换生成语法中得到了科学的升华。中世纪后期的学者关于语言意义曾展开唯名论与唯实论之争。思辨语法学者事实上已开始将中世纪初期的语义神学研究逐渐引向了理性探索。

3. 文艺复兴时期的人文理性语义研究

文艺复兴是欧洲历史上思想、文化、艺术、科学空前活跃和繁荣的时期。唯理语法认为，人类各种语言不过是普遍存在的逻辑推理系统的不同言语表现。语言的功能就是表达思想，是人类思维内部机制的外部表现。人类思维具有共性，因此语言的深层语义具有普遍法则。唯理语法学者认为语言分为可观察的外部语法形式和普遍抽象的内部意义形式，普遍抽象的内部意义又可以表现为多种多样的外部语法形式。这些语言学理论无疑给乔姆斯基创立转换生成语法理论提供了灵感。认知语言学虽然否定乔姆斯基的语言观，但正是乔姆斯基语言理论的心智主义开启了语义的心理认知研究之门。文艺复兴末期，关于语言意义的研究已渐趋于科学性研究。

4. 科学主义与语义研究的沉寂

18世纪末到19世纪初，欧洲社会步入现代社会。语言研究从中世纪思辨语法和启蒙主义的唯理语法的先验逻辑性研究走向实证科学性研究。历史比较语法就是研究理念这种过渡性转变的产物，是语法研究由人文艺术走向经验科学的中转，人们把这种研究称之外语文学。在这一时期，欧洲出现了浪漫主义的思潮，德国思想家施勒格尔兄弟和洪堡特创立了语言类型学，他们提出了语言创造性、语言能力、内在形式、语言世界观等重要的语义研究理念。19世纪出现的新语法学派反对古典主义和启蒙主义，认为语言研究的任务应该是追求精确的方法，预示着语义研究将渐入沉寂。历史比较语法没有对语言的本质做深入的研究，没有对语言做系统的分析，而是主观片面地研究孤立因素，无法回答"语言是什么？"这一问题。索绪尔认为，语言是表达思想观念的符号系统，是形式而不是实体，词语的意义不是事物，而是关于某事物的观念，词语的意义不是物质实体而是关系结构。但他对意义的灼见被淹没于实证科学的学术热情里。人类学者为了研究土著语言采用了一种严格的实证主义方法，这种方法遵循以下三种原则：语言研究的对象必须是可观察的语言现象；对观察结果必须做客观描写；描写必须系统化和逻辑化。这三种原则规定了结构主义语言研究方法论只能注重形式分布研究而排斥语义研究。因为语言的意义是十分繁杂的，与多门学科相联系，难以进行客观而严谨的实证研究。20世纪前60年的科学性语言研究便出现了"语言学中无语义学，语义学中无语言学"的格局。

5. 后现代主义与语义研究的复兴

20世纪，科学主义思潮让位于后现代的心灵主义思潮，弗洛伊德的精神分析观念和方法弥漫于人文研究的各个领域。语言研究开始关注心灵的因素，思辨语法和唯理语法又在语言学界游动。哈里斯的语言转换理论和乔姆斯基的转换生成语法使语义学重返语言学，他们开始意识到，语言是心智的镜子，语言研究是为了更好地理解言语的心智构造和运作。乔姆斯基认为语法是存在于人的心智里的一套有限的规则系统。这种心理深层中的语法规则具有语言共性，属于普遍语法。普遍语法存在于心理的意识和潜意识中，这里是意义和认知活动存在的地方。乔姆斯基的转换生成语法研究就不可避免地要呼唤语义研究，并且相会于语言深层构造的心里词库和语义解释之中。转换生成语法引起了一场语言革命。它引起了美国语言学者关于语言句法中心性还是语义中心性的大辩论，导致了生成语义学、格变语法、功能语法直至认知语法的出现，形成语法研究百家争鸣的局面。乔姆斯基区分了两种语言——外部语言和内部语言。外部语言学把语言看成人所处的外在世界的一部分，内部语言学则把语言看成存在于人之心智里面的知识，是人的心理世界的一部分。乔姆斯基认为，语言理论就应该主要是关于内部语言的理论。无论他多么不情愿，他的语言理论必将语言研究推向心理认知，从而掀起认知语义研究的高潮。生成语义学仅是其初潮，认知语言学标志着语义研究高潮的到来。认知语言学主要研究语言构造与人的经验认知构造之间的关系，认知构造系统表现为概念范畴系统。概念范畴系统又是语义系统的核心，这就意味着，认知语言学必然以语义研究为语言核心。认知语言学认为，语言并不是对世界的客观反映，而是经过了人类的认知加工。语言形式的形成，受到多种因素的影响，比如体验、认知、语义、语用、文化等多种因素；意义的产生不能脱离人们的身体特征、生理机制、神经系统以及与世界的互动，它是基于体验和认知的心理现象。语义是人与客观世界互动的结果，虽然存在于人类的头脑之中，但不是天赋的，而是来源于使用者对世界的理解。

三、认知语义学的意义观

认知语义学的几个重要的流派，比如，Ray Jackendoff 的"概念语义学"、Talmy 的"认知语义学"和 Lakoff 等人的"隐喻理论"、Fauconnier 的"概念整合理论"。此外，认知语义学的重要组成部分也包括 Langacker 的"认知语法"、Goldberg 等人的"构式语法"等。认知语义学家 Talmy（2000）认为："认知语义学的研究就是对概念内容及其在语言组织中的组织形式的研究。"这些内容又与人类的感知体验、范畴化过程、认知模式、知识结构等密切相关，这些构成了认知语义学的研究基础。

1. 认知语义学的四个哲学假设

语言理论中最基本的问题是对意义本质的看法，不同的认知语义学流派侧重点有所不同，但其基本的认识和理论主张存在共性。一般认为认知语义学有四个具体的哲学假设：

（1）概念结构具有体验性。（Conceptual structure is embodied.）

认知语义学认为我们对于真实世界的理解和认识在很大程度上是与我们自身的身体体验相关的。我们谈论的都是能观察和感觉到的世界，人类的思维必然是来源于身体经验。

（2）语义结构等同于概念结构。（Semantic structure is conceptual structure.）

语言表达的是说话者通过认知加工建构起来的概念，不是直接与外部世界相对应的。语义结构类似于概念结构，并不意味着两者是完全一样的。通过语词这样的语言单位表达出的意义，并不是我们头脑中形成的所有概念，只能是表达一部分我们的所思所想，因为很多思想感情无法用语言表达。

（3）语义表征具有百科性。（Meaning representation is encyclopedic.）

认知语义学认为语言单位所表达的意义，并不仅仅是辞典里所说的意义，对于语义的描写和理解往往要借助百科知识。

（4）语义构建等同于概念化。（Meaning construction is conceptualization.）

意义是在概念层面形成的，语词等语言单位只是概念化过程的提示符和背景知识的补充。

2. 认知语义学对意义的看法

Langacker 认为意义必须从认知的角度来分析，因为它是一种认知现象。认知语法认为意义就是概念化（conceptualization）。Langacker 指出："意义是语言存在的理由，语法仅仅是语义内容的组织手段与象征形式。"概念存在于人们的头脑中，是通过与周围客观世界的互动形成的观念、想法、认识等。语言符号就是人类在感知经验的基础上,通过互动形成的词汇化了的概念。因此,从某种意义上来讲,词汇可以看作概念。概念结构来自外部世界,是对周围客观世界形成的相对稳固的知识体系,不是先天存在于我们头脑中的。人类在与外部世界互动的过程中,产生种种感知和体验,在这个基础上,形成了范畴和概念。又在不断反复的体验过程中,逐步抽象出认知模型,形成认知结构,获得意义。概念结构的形成离不开人类的活动,是对人类物质活动的体验。

我们通过身体(包括各种感觉器官)去体验,首先体验的是空间,包括地点、方向、运动等,以互动的方式来体验。这三者是人类概念和语言之起源。Talmy 是认知语义学的先驱之一,他认为语言表达需要经过认知系统的加工,认知系统一般包括感知、推理、判断、注意、记忆等,将焦点(figure)和背景(ground)用在语义分析中。概念结构决定于语法,过程产生封闭类语法形式,内容产生于开放类词汇形式。封闭类系统是最为基本和完整的概念调节系统,语言在表达空间结构和时间结构时,具有平行性。语言的意义结构以图式结构为中心。

Peter Gardenfors(1999)认为:"意义在人的大脑中,是认知模式中的概念化,是从语言的表达式向某些心理活动的映射。"感觉器官可以对所读或所听到的内容构拟真实的或心理的图像,形成认知模式。认知模式不是命题形式,具有意象性和图式性,一般通过隐喻和转喻运作过程而改变。语义成分建立在概念空间基础上,句法不能独立于语义,在某种程度上取决于语义。概念具有原型效应(prototype effect)。从上面的论述可以看出,认知语义学最大的特点就是把意义概念化,认为语言意义与人类的一般认知能力和方式具有密切的关系。

3. 研究语言意义的三种方法

Talmy（2000）曾指出研究语言意义有三种方法：形式法（formal approach）、心理法（psychology approach）和概念法（conceptual approach）。

形式法主要研究语言显性形式所表现出的结构方式，这些结构大都从意义中抽象出来，被认为是自足的系统。生成语法的意义研究就是采用的这种方法。

心理法从相对一般的认知系统的角度来考察语言。因此，心理学早就开始从感知、记忆、注意和推理的角度来研究语言，从语言的形式特征和概念特征两个角度来考察语言。

概念法研究语言中的概念内容的组织规律和过程。它研究语言中的一些基本的范畴，如空间和时间、场景和事件、物体与过程、运动与处所、情感范畴等。

第四节　认知语言学的几个重要概念

一、概念化

认知语言学的基本观点之一就是把意义等同于概念化，挑战了真值条件语义学中的意义，对语言表达式的语义解释往往超出真值条件语义学的解释范围。Langacker认为概念化大致等于认知加工、心智加工。对于同一经验或情景，不同的人会有不同的感受和认知，语言表达式也会有差异。"意义是通过建构产生的，不是客观给定的，那些描写客观现实的语言表达也是经过了人的认知加工。"因此，对意义的解释，要通过描写认知常规，它们构成了人们对现实和意义的理解，仅仅描写客观现实是不够的。

对语义结构的识解,就是一个人通过主动的认知加工强加在他的心智经验之上的某个结构。

(1) a. Cornor lives in New York City.

　　b. Cornor is living in New York City.

(2) a. The chimney is above the window.

　　b. The window is below the chimney.

(3) a. Something moved in the grass.

　　b. There was a movement in the grass.

以上三组例句就是对同一情景的不同概念化。

自然语言是对客观现实概念化的符号表征,句法结构是有理据的,有其自然动因,在相当程度上不是任意的、自主的,往往受到认知、功能、语用等多种句法因素的影响。"而语义结构并非直接等同于客观的外在世界的结构,它与人在和客观现实互动过程中形成的身体经验、认知策略乃至文化规约等密切相关的概念结构相对应。"语言作为人类最主要的交际工具,在本质上是人类感知世界、认识世界,通过心智活动将感知到的外在现实加以概念化,并将其编码的结果。

二、识解

识解就是我们用不同的方式感知和描述同一情景的能力。同一情景由不同的人解读,会产生不同的语言表达形式,不同的语言表达形式意味着不同的意义。对某一情景的描述从来都不能做到完全纯粹客观。我们通过我们的眼睛和特定的视角描述某一情景,在描述情景时,或许存在默认方式,但视角从来都不会中立,它体现了人们观察世界的某些特定方式。比如,run across a cornfield 和 run through a cornfield,这两个短语描述同一情境,但 across 突出结果,through 突出跑的过程。每种语言对某些现象和事件识解的方式都不一样,有自己的一些特定的、约定俗成的方式,使之不同于其他语言的识解方式。这可能会表现为对事物分类的差异、同一情境中不同元素的凸显程度、观察事物的不同角度以及观测的远近等。基于此,人们经常说,学习一门新的语言能使学习者以不同的方式看待事物。Langacker 曾经指出:"意义是识解内容的一个应变量。"并认为识解的内容涉及许多方面,其中包括细节、心理扫描方向、视点安排、背景、隐喻和凸显等。

Langacker 曾经用玻璃杯和水的例子来说明这一点,如果概念内容是"装有水的玻璃杯",或者说是"装在玻璃杯中的水"。根据注意力焦点的不同,也就是说,由于识解方式的不同,我们对这一相同的概念内容至少有四种识解结果:

A. the glass with water in it(里面装有水的玻璃杯)

B. the water in the glass(水在玻璃杯里)

C. the glass is half-full(玻璃杯一半是满的)

D. the glass is half-empty(玻璃杯一半是空的)

因此,同样的语义内容,同样的认知域,由于识解方式不同,凸显了情形的不同部分,形成了不同的"意象",产生了四种不同的意义。

对于同一情景,识解的详略度也可能不同,比如:

A. 那个女孩个子很高。

B. 那个穿红色衣服的女孩身高超过 1.7 米。

C. 那个穿红色衣服、站在走廊下的女孩身高约 1.71 米。

D. 那个穿红色衣服的女孩身高正好 1.71 米。

上面的句子从 A 到 D 详细程度从上到下逐渐递增,而抽象程度却依次递减,上一句比下一句抽象,而下一句比上一句更具体化。注意力也可以集中到情景的不同部位。不同的语言在常规的识解模式上会表现出类型学的差异。某一特定语言对给定的情景可以选择不同的表征形式。语言中既没有纯粹的形式规则，也没有完全客观的意义，因为不存在完全客观的对某一情景的识解方式。

对同一场景，从不同的角度进行概念化，就会产生视角不同的意象。比如：同样是山峰和江面，可以说"山峰俯视着江面"，也可以说"江面仰望着山峰"。之所以产生这种不同的意象，是因为我们的感觉运动系统在此过程中起着重要的作用。扫描方式的差别也会产生不同的意象。一般有两种扫描方式，一种是"综合扫描"，一种是"顺序扫描"。"综合扫描"是整体把握，通过对一个事件的各个组成部分分别进行扫描后，最后综合起来形成一个整体概念，跟时间的延伸无关。"顺序扫描"要顾及依次扫描时不同阶段的信息差异，在时间的延伸中进行。Langacker认为用不同的扫描方式可以说明词类的分别。比如：

A. She entered the room.

B. into the room

C. in the room

"enter"表示顺序扫描，时间轴上每个阶段进展情况不一样。"into"是综合扫描，只代表扫描结果，即各个不同阶段的综合。"in"也是综合扫描，只是扫描反复进行，每次得到的结果都相同。

Cruse 和 Croft 提出的识解模式是：

Ⅰ. attention/salience（注意力/显著性）

A. selection（选择）

a. profiling（凸显）

b. metonymy（转喻）

c. accessibility（可接近性）

B. scope（dominion）（范围）

a. scope of predication（述谓范围）

b. search domains（搜索域）

C. scalar adjustment（程度调节）

quantitative（abstraction）（数量性）

D. dynamic（动态）

a. fictive motion（虚拟运动）

b. summary/sequential scanning（总括/顺序扫描）

Ⅱ. judgement /comparison（including identity image schemas）判断/对比（包括特征意象图式）

A. categorization（framing）（范畴化）

B. metaphor（隐喻）

C. figure/ground（焦点/背景）

Ⅲ. perspective/situatedness（视角/情景化）

A. viewpoint（视点）

a. vantage point（优势点）

b. orientation（定位）

B. deixis（指示）

a. spatiotemporal（including spatial image schemas）（时空性）

b. epistemic（common ground）（认识）

c. empathy（移情作用）

C. subjectivity/objectivity（主观化/客观化）

Ⅳ. constitution/gestalt（including most other image schemas）组成/格式塔（包括大部分其他意象图式）

A. structural schematization（结构图式化）

a. individuation(boundedness, unity/multiplicity, etc)(个体化)
b. topological/geometric schematization(container, etc)(拓扑性)
c. scale(等级)
B. force dynamics(力动态)
C. relationality(entity/interconnection)(关系)

　　Cruse 和 Croft 高度概括了四类认知过程，每一类认知过程包含若干识解方式，这些不同的识解方式是四种基本认知能力的体现，用来阐释人们对世界的不同体验。

三、意象

　　"意象"是一种心理表征，在没有具体情境呈现的情况下，人的大脑仍然对其情境获得感知的一种认知能力。由于识解方式的不同，对于同一个客观事物或情景，人们产生的意象图式会有差异，这些差异会表现为凸显度不同、视角不同或抽象化程度不同等，从而产生不同心理印象。

　　"意象"涉及"焦点"和"背景"的概念，它们是意象中最主要的两个概念，注意力最集中，最凸显的部分是焦点，不凸显的部分是背景。这对概念来自一个著名的"花瓶"和"脸"的视觉实验，在这张图片中，花瓶和脸可以互相看作彼此的焦点和背景。按照"完形心理学"的理论，"焦点"是一个完形，容易吸引人的注意。"意象"的形成不是在单个认知域就能完成的，而要借助相关的认知域，即涵盖这一概念的所有的概念领域。许多几何概念要靠空间认知域来建立。例如"弧"的认知域是"圆"，没有圆的概念就没有弧的概念。人类最基本的认知域包括空间域、视觉域、味觉域等，而其中最为根本的又是空间域，它可以投射到许多比较抽象的认知域（如时间域）中。认知域是人类最基本的认识经验，是进一步认识世界的工具。

四、图示

"图示（schemas）"是一种意象现象，是人在实践的基础上，与外界不断地互动中形成的基本的认知结构。此概念最早出现在心理学中，即20世纪二三十年代的完形心理学对记忆的研究中，英国心理学家Bartlett于1932年就发现了一种现象：通过记忆人能够把各种获得的信息和经验组织成认知结构，形成稳定、常规、默认的图式，储存于记忆之中，并成为理解新经验的基础和参照物。瑞士心理学家皮亚杰运用这种图式观论述了他的发生心理学和建构论思想。当代认知语言学接受并发展了图示理论，Langacker认为："图式是通过去除大量不同结构的差异点，然后抽象出来的共性。"在《我们赖以生存的隐喻》（Lakoff & Johnson，1980）一书中，"意象"与"图式"两个概念首次被结合而成"意象图式"，在语言分析中广泛应用。意象图式具有体验性、想象性、抽象性、心智性、动态性等特征。它对于范畴的构建、概念的形成、隐喻的分析、意义的理解以及推理的进行等起着重要的作用。Lakoff和Johnson认为意象图式是指人类在与客观外界的互动中，不断反复出现的常规性样式。人类最基本的经历就是对自己身体和周围空间的理解。根据身体与外部世界的相对位置，形成了诸如IN、OUT、UP、DOWN、OVER、UNDER等意象图式。意象图式主要以空间关系为基础，比如：IN-OUT、UP-DOWN、FRONT-BACK图式等。人们基于感知体验，通过视觉、触觉等感官逐步认识自己周围的生存空间，形成空间结构和动觉运动等意象图式，映射到人们的头脑后就形成了范畴和概念结构。根据 Lakoff（1987）的观点，动觉意象图式主要包括以下七类：容器图式（Container Schema）、部分—整体图式（Part-whole Schema）、连接图式（Link Schema）、中心—边缘图式（Center-Periphery Schema）、始源—路径—目的地图式（Source-Path-Destination Schema）、上下（Up-Down）、前后（Back-Front）等图式。例如，当看到一辆小汽车从车库里驶出来时，会融合容器图式、始源—路径—目的地图式、前后图式来理解这一情景。认知语言学家认为人类语言的句法构造是建立在意象图式之上的。"简单地说，意象图式是为了把空间结构映射到概念结构而对感性经验进行的压缩性的描写。"（Oakley，2007）比如：

"我从上海飞往北京。"这句话体现的是始源—路径—目的地图式。

"我走出教室，进入图书馆。"这句话既体现了始源—路径—目的地图式，又体现了容器图式。

语言范畴和结构在表征客观世界时具有图式性。我们所经历的世界的每一个细节既没有必要，也不可能都用语言表达出来。我们反复经历的一些共性的东西，会逐渐形成一定的模式，成为这些经历的心理意象图式，并在语言中表现为相应的语言范畴和结构。

第五节 认知语言学的三种表征方式

Ungerer 和 Schmid 认为,当今的认知语言学对语言的描写和解释主要体现了三种观点,分别是经验观(experiencial view)、凸显观(prominence view)和注意观(attentional view)。

一、经验观

经验观认为,语言使用者在描写、造词、造句时,不局限于客观的描写,还会对熟悉的物体和事件经验进行转移,会把自己的联想和印象包括进去,比如使用比喻性的语言以及涉及情感这样的抽象范畴。例如,对一辆小汽车的描写,人们不但会描述它的基本情况,有轮子、门、窗户、加速器、闸、发动机、方向盘、驾驶员、乘客、牌子等,还会提到开小汽车方便、快捷,坐起来舒服,高档小汽车甚至还被认为是社会地位的象征。根据语言使用者个人经历的不同,有人把小汽车和初恋联系起来,还有人会联系起车祸等。这些特征是个人的主观经验,超出了对事物的客观描述,对意义的描述更为丰富和自然。认知语言学认为我们对世界的共享经验储存在我们的日常语言中,这可以从表达语言的方式中管窥一二。隐喻性语言就是这一方式的典型表征。比如,"Our car has broken down.(我们的汽车抛锚了。)",break down 通常指一个物品的分崩离析、支离破碎,但对于汽车的运行,绝大多数人并不了解很多,所以就用这种熟悉物体散架的知识来理解汽车引擎的抛锚。经验的转移也经常用于情感表达这种抽象范畴。"She exploded.（她气炸了。）"这句话表示愤怒，explode 会使人们联想到煤气罐、鞭炮，甚至炸弹爆炸等知识。利用我们对周围世界的具体经验来表达抽象概念。

二、凸显观

凸显观认为，语言表达信息的选择和安排是由信息的突出程度决定的，而不仅局限于逻辑推理和客观描述，它涉及所表达信息的选择和配置。比如，要描写这样一个场景，一辆自行车为躲避行人，撞在了路边的电线杆上，会有两种表达方式：

a.The bike crashed into the pole.
b.The pole was hit by the bike.

两个句子相比，a 句比较自然，b 句听起来有些奇怪。这是因为在整个情境中，移动的自行车是最引人注目和凸显的因素，故我们把自行车这个名词放在句子的开头。句子主语的选择是由情境中涉及的所有成分凸显的不同程度决定的。这种语言结构的凸显观思想还应用到其他许多方面。

三、注意观

凸显观对小句信息的选择和配置提供了一种解释。还有一种理论解释了为什么只有事件中的一部分信息引起了语言使用者的注意。我们回顾一下上面的事故，自行车为了躲避行人，突然转向，然后撞上路边的电线杆，摔倒。"The bike crashed into the pole."，表达的只是整个事故中的一部分，受到注意的这部分被表达出来，未受注意的就没有被表达出来。根据注意力的分配来分析句子，可以很好地解释为什么一个事件的某些信息得到描述，而另外一些信息却被省略了。总之,凸显观和注意观为我们分析句法和描写句子规则提供了很好的理论和视角。语言使用者在描述某一个事件时,并不是对事件的组成成分同等关注,而是倾向于把某些成分背景化,而某些成分则得到前景化处理。

第六节 小结

语言不是直接反映客观世界,中间要通过认知平面作为中介,认知有主观性、民族性,语言形式体现了认知方式,受语义、语用等多种因素促动。意义与人们的身体特征、生理机制和神经系统等密切相关,是基于体验的。人类的语言是后天习得的,并非乔姆斯基所称的先天机制,而是形成于人类体验和认知基础。因此,语义虽然存在于人的心智之中,但来源于使用者对世界的理解,其根源不是天赋的,而是来源于身体经验,即人与客观世界的互动认知。乔姆斯基的先天论、天赋观没有认识到这一点,是认知语言学派与形式学派对意义认识的根本区别。乔姆斯基在社会真空中排除外部环境研究心智对语言的作用,认知语言学认为客观世界、人类体验都会作用于心智,并影响语言的产生,充分肯定了现实对于意义产生具有基础性的作用,两者彼此互动,互相影响。因此,语义是一种植根于身体经验的心理现象,存在于人们头脑中,源于人与客观世界的互动。语义的形成过程就是范畴化和概念化的过程,范畴化和概念化又是基于身体经验的,也是认知的过程。

第二章 运动事件表述述评

第一节 运动事件概念的界定

运动对我们每一个人来说,是最为司空见惯的一种现象,是我们体验最早,也是最基本、最具有普遍性的经验之一。我们每天都在运动,同时也在经历着其他物体的运动。运动这一术语涵盖的范围很广,只要是空间性状发生了改变,都可以称之为运动。各种各样的运动主要包括以下几类:一种是身体部位的运动,比如,抬头、低头、转头、弯腰、扭腰、举手、抬胳膊等;一种是身体姿势的改变,比如,趴下、站起来、蹲下、躺下等;还有一种是运动物体本身没有发生空间位移,但表现出了运动特征,比如,摆动、旋转、膨胀、摆动、徘徊等(Talmy);最后一种是典型意义上的运动,也是本书要研究的运动形式,指一个物体相对于另一个物体而言,在一定的时间内,物体位置发生改变的情景。例如:他匆匆忙忙地离开了办公室。(He left the house in a hurry.)这类运动与其他类型的运动相比,具有两个显著的特征。其一,运动在我们的日常生活中无处不在,但最基本、最普遍的是运动物体发生位置改变的运动。谈到运动时,最先想到的就是位移性运动。其二,位移性运动空间方向性显著,有明确的起点、清晰的路径以及运动方向。人们如何对位移性运动事件进行识解、如何对其进行概念化、如何用不同的语言表达出来，这是语言研究者关注的内容。

由于运动事件普遍存在于我们的日常生活中，并且运动具有清晰、明确的空间结构和方向性，研究运动事件时，如何对运动事件进行概念化具有重要意义。运动域具有认知基础性特征，它对于认识其他概念域，特别是抽象概念域具有重要的基础作用。位移性运动可以通过隐喻的方式映射到表达诸如目的、时间、爱情和婚姻、生活等领域。比如，"国庆节就要来了"，这句话体现了位移性运动向时间的投射。运动事件的研究提供了一个研究语言和认知的窗口，由于它存在的普遍性和基础性，所有的语言都需要一定的方式对其进行表征并把它投射到其他的概念域。人类如何识解运动事件的典型特征、这些特征如何被表征，引起很多语言学家的兴趣和关注。根据 Talmy 的开创性研究以及其他学者的跨语言研究，人类的语言对位移性运动的概念化及其表征方式表现出迷人的类型学共性与差异。

认知语言学的代表人物 Talmy 在对框架理论进行研究时，提出"事件框架"（event-frames）的概念。Talmy 把事件框架分为五种类型，分别是运动事件框架（motion event-frames）、因果事件框架（causation event-frames）、循环事件框架（cyclic event-frames）、参与者事件框架（participant event-frames）和相互关系事件框架（interrelationship event-frames）。运动事件框架是一种基本的认知模型，框架这一概念术语最早出现在格语法的格框架研究中，格框架是一种抽象化的图式场景（scene）。后来，框架发展成为认知建构机制。Talmy 为了与前期的框架研究具有统一性，运用了事件框架这一术语，用来指一种较具体的认知模型或经验图式,一般涉及一个具体的场景。运动事件包含在 Talmy 提出的宏事件中,除了运动事件(motion event),宏事件还包括体相事件(event of time contouring)、状态变化事件(event of state change)、行动关联事件(event of correlation)、实现事件(event of realization)。宏事件的五种类型举例如下:

a. 运动事件

The ball rolled in. (球滚进来了。)

b. 体相事件

They talked on. (他们一直在说。)

c. 状态变化事件

The candle blew out. (蜡烛吹灭了。)

d. 行为关联事件

She sang along. (她跟着唱。)

e. 实现事件

The police hunted the fugitive down. (警察抓捕到了逃犯。)

第二节 对运动事件的不同表述

一、Fillmore 的来源—路径—目标(source-path-goal)表述

Fillmore 对运动的描述与其对深层格或名词短语的语义角色的理解密切相关。他的目的是根据相关论元的语义角色对动词进行深层构价描述。与动词相关的论元语义角色形成了该动词的格框架:来源、路径、目标是 Fillmore 对表达运动的动词确定的三个格。后来,Fillmore 认识到语义角色理论不能详细地对语义进行描写,他认为,要想理解动词的意义,人们必须首先了解该动

词所预设的经历的概念结构。该词预设的这种概念框架就是该词的语义框架。基于对这种概念结构中语义关系的理解，Fillmore 提出了框架语义学理论。

根据框架语义学理论，框架往往被某个特定的词激起，然后这个框架提供了理解该词所需要的一连串的经验背景知识。框架是一种较具体的认知模型或经验图式，一般涉及一个场景。这个词本身凸显了这个框架中的某一因素或方面，这个凸显的成分被称为这一特定框架的"框架元素"。一个框架通常会促使一系列词项的存在，每一个词项凸显框架中的不同部分。举一个比较典型的例子，买和卖这个框架至少包含"买者""卖者""货物"和"钱"四个成分。运动是一个非常抽象和概括的框架，它包含四个主要语义角色：运动体、运动起点、运动终点、运动路径，这四个语义角色构成了运动框架的四个基本元素。下面我们举例来说明这四种元素在句子中是如何表征的。

a. The carriage ploughed its way farther.
马车继续前进了一段。
the carriage（马车）是运动的物体。

b. Two ladies came from Atlanta to Tara to attend her wedding.
两个妇人从亚特兰大赶往塔拉参加她的婚礼。
Atlanta 是起点，Tara 是终点。

c. He went off across the lawn and disappeared around the house.
他穿过草坪，消失在房子拐角处。
across the lawn 是路径。

一个大框架和一套更为精确的小框架构成一个概念域。在这个概念域中，大框架和小框架具有共同的基本的概念结构。小框架继承了大框架的概念结构，同时，本身也凸显出了某种特定的语义。运动被确定为一个综合框架，它由12个小框架构成：arriving（到达）、cause-to-motion（致移运动）、cotheme（双主题）、departing（离开）、emptying（清空）、filling（灌注）、motion-noise（声音类运动）、path-shape（形状类路径）、placing（放置）、removing（清除）、self-motion（自主运动）、transportation（运送）（Fillmore, 2002）。这些小框架在共享大框架基本语义结构的同时，重点凸显运动事件的某一方面。比如：

She entered the room.

她进入房间。

动词enter从语义上暗示了终点的存在。因此，它激起了运动域中的"到达"（arriving）框架。同时，这个动词也激活了综合运动框架中的概念结构，比如，来源—路径—目标（source-path-goal）。

到达框架凸显了语义结构中的终点意义。我们主要注重对运动概念结构的整体描述，对这12种精确的小框架不再做进一步的研究。

Lakoff和Johnson这样描述来源—路径—目标（source-path-goal）这一图式：运动物体、起点、目标、路线、轨迹、给定时间内运动体的位置、方向、最终的位置。另外，运动图式的语义成分可以扩展，可以扩展到运动工具、运动速度、阻碍力、驱动力、另外的运动物体等。

除了确认运动图式的几种新元素外，Lakoff和Johnson的trajector、source、route、goal四大成分大体上相当于Fillmore的theme、source、path、goal四个语义成分。但是，在Lakoff和Johnson的研究框架内，运动体（trajector）在某一特定时间内的位置不属于路径的一部分，而在Fillmore的研究框架中属于路径。

除此之外，Lakoff 和 Johnson 分离出了另一语义成分——运动物体的方向（direction），在 Fillmore 的框架中没有提及。仔细研究 Fillmore 的框架语义学会发现，有几个方面值得进一步考虑。由于确认给定词（大部分是动词）的框架元素的方法问题，对这个词所进行的框架语义描述忽略了其本身的概念内容。Fillmore 基本上是运用了在格语法中寻找某一个词在深层结构中语义角色的方法，这个给定的词是研究的起点和焦点。描述的任务和目标仅仅是围绕这个词寻找框架成分以及这些成分如何在句子中表达，而单词本身凸显什么样的框架成分没有涉及。

框架语义分析的局限性产生了两个值得注意的后果。一是框架结构描述不精细全面。Fillmore 的运动框架分析中，忽略了运动本身这一至关重要的成分。如果缺失这一成分，就不能称之为运动框架。在 Fillmore 的运动框架中，尽管方式（manner）、工具（vehicle）等框架成分被分离出来，但如果不确定运动成分，这些框架成分往往会被忽略。例如：

Mammy waddled back into the hall.

妈妈摇摆着走进餐厅。

动词 waddle 蕴含了运动和方式两个语义成分，但根据 Fillmore 的框架分析，只凸显了运动主体 Mammy 和路径 back into the hall 两个框架成分。

这种方法用来分析多词综合动词，比如，Cora 和 Atsugewi 这两种语言。Cora 是墨西哥的一个州讲的语言，在这种语言中，路径是动词词干和方位词前缀语义表征的一部分，没有单个的成分可用来表征路径、起点和终点（Casad，1993）。Atsugewi 是一种印第安语，也属于这种情况。在这两种语言中，路径、起点和终点成分都可以结合进词根中。在这种情况下，如果我们不分析动词的概念内容，就无法分析动词框架，特别是由动词引起的这三种核心成分：路径、起点和终点。

框架语义分析的另一个局限性是无法描述运动事件的复杂性。框架语义学的建立是基于英语语言。比如，英语中的声音动词可用来描写运动。如：

The car roared out of the garage.

于是就有一个独立的 Motion-Noise 框架。类似的还有 Arriving、Departing、Path-shape 等框架。以这种方式建立框架范畴很难对一个概念域的可能框架提供充分的解释。我们不可能为每一种情况都建立一个框架。例如：有了 Arriving、Departing 等框架，但没有建立像 Passing、Following 或 Circling 等框架。更为重要的是，建立在某种特定语言词汇化模式基础上的框架范畴运用于跨语言研究时会产生困难。比如，英语中有这样的表达方式：

The train rumbled through the tunnel.

The old man zigzagged towards the gate.

而在汉语中既没有声音动词（noise verbs），也没有路径形状动词（path-shape verbs）。但汉语有相应的表达这种语义内容的方式。上面的两个例句在汉语中可以表述如下：

火车轰鸣着穿过隧道。

老人歪歪扭扭地走向大门。

因此，框架语义学的这种分析方法在进行跨语言分析时遇到了障碍。

二、Talmy 的焦点—运动—路径背景分析

这一分析程式是 Talmy 在他的认知语义学框架内对运动进行

的描述。我们举例说明 Talmy 是如何对人们感知到的真实运动事件进行分析的。

  A balloon flew over a house.
      焦点   运动 路径   背景

在这个句子中，毫无疑问，运动着的气球是焦点（figure），而静止的房子是运动的参照点即背景（ground），焦点运行的路线称为路径（path）。焦点、路径、背景是对运动事件进行认知描述的关键成分。

如果对运动事件做进一步的概念分析，还会发现另外三个语义成分，用一个例句加以分析：

  I run into the room.
  我 跑 进   屋子。

在这个句子中，动词 run（跑）不仅仅体现了物体运动（motion）这一事实，除了运动这一概念成分外，它还描述了物体运动的方式（manner），这可以作为运动框架的第四和第五个成分。最后，还有一个成分值得我们关注，运动的发生必定有运动产生的原因（cause），即便我们并不总是把这个动因用语言表达出来，但这是对运动事件进行概念化的一个重要因素。总之，焦点、路径、背景、运动、方式、原因这六种语义成分在运动事件的概念化结构中起着重要的作用。

我们用 Talmy（1985）的两个例子来进一步说明这六种语义成分是如何转化为表层语言形式的。

  The pencil rolled off the table.
  焦点   运动＋方式 路径 背景

  The pencil blew off the table.
  焦点   运动＋原因 路径 背景

可见，运动事件包括六个语义成分：焦点、背景、运动、路径、方式、原因。前四种成分是构成运动事件框架的核心，后两个语义成分是选择性的。

Fillmore 框架中的主体（theme）描述相当于 Talmy 的焦点（figure），都指运动的物体，但是 Talmy 的分析方法更具优势。首先，它对运动提供了一个更为全面的认知分析，而对运动进行的框架语义分析忽略了动词的语义内容这一有意义的部分。因此，框架语义分析模式不能为运动的概念结构提供一个全面的分析。相比之下，Talmy 的分析框架更为全面细致，运动事件包含的语义成分都得到了分析。在 Fillmore 的框架内，运动本身这一事实不被看作一个独立的概念成分。其次，Talmy 在 Fillmore 的语义内容基础上，把三个成分——来源、路径、目标合并为两个，即背景和路径。背景是运动物体的参照物或参照框架。路径表示运动的方向（Talmy, 2000）。Talmy 认为，参照物的功能是一个至关重要的空间因素，因此应该独立地作为一个概念。同样，各种方位表征也应该被分离出来形成一个独立的范畴。

下面我们通过实例进一步阐释这两种分析框架如何应用于运动事件的分析中：

Fillmore's system   I flew   to Shanghai   from Binzhou   via Jinan
                        theme   goal   source   path

Talmy's system   I flew to Shanghai   from Binzhou via Jinan
                        figure move path ground   path ground path ground
                                 manner

Talmy 的分析方法隔离出了背景、方位关系等概念，这种分析方法是框架语义结构分析所望尘莫及的。

例如：I run into the hall.

        I entered the hall.

根据 Fillmore 的框架语义分析法，into the hall 和 the hall 都是目标（goal），但是 into the hall 无论在语言形式还是语义信息方面要比 the hall 丰富得多。根据 Talmy 的分析，两句话中的 the hall 都是背景，介词 into 是路径，而动词 enter 融合了路径和运动两个成分。从跨语言分析的角度来看，Talmy 的分析方法更胜一筹。比如，在 Cora 和 Atsugewi 这两种语言中，路径、来源、目标三种成分融合进了动词中，用框架语义分析法就不能对其进行正确的表述。

三、Langacker 对运动事件的描述

Langacker 认为，运动是指运动体在时间流中不同的时刻占据不同的位置而产生的一系列位置改变。说话人通过顺序扫描这种认知操作对运动事件进行概念化。Langacker 对运动事件的描述极其关注时间与运动的关系。毋庸置疑，突出时间特征是观察运动事件的一个独特角度。但不足在于，时间是如何在语言中表征的，对此他没有详细解释。另外，空间方位特征是运动的决定性特征，因为不只运动事件，其他类型的事件也涉及时间维度。Langacker 根据凸显原则来解释运动事件。下面的句子 Langacker 这样分析：

On 26 July 1909 Louis Bleriot flew across the English Channel from Les Baraques to Dover.

在 Langacker 的分析框架内，这句话要用凸显原则来分析。Langacker 喜欢用的术语是 trajector 和 landmark，相当于 Talmy 的 figure 和 ground。Louis Bleriot 是运动事件的 trajector，landmark 的识别不是一目了然的，它一般由人物或物体来充当，但在本句中是由方位词 across the English Channel 表征的。时间状语 On 26

July 1909 和方位状语 from Les Baraques to Dover 也被看作背景。根据他的分析方法，这个运动事件包括两种类型的背景，一种背景 across the English Channel 被提升到了 landmark 的位置，凸显度比较高。另一种背景 from Les Baraques to Dover 凸显度比较低。对此，Talmy 持有不同的观点。他对运动事件的分析从概念结构出发，对上面的句子他会做如下分析：

<u>Louis Bleriot</u>　<u>flew</u> <u>across</u>　<u>the English Channel</u>
　figure　　　motion path　　　ground

如果接受这种对应，对句子的剩余部分该如何解释呢？句首的时间状语可以被看作附带信息，指事件发生的时间，处于运动事件框架之外。from Les Baraques to Dover 属于运动框架的一部分，可以通过分析这个介词短语的认知内容得出这个结论。这个介词短语对于事件发生的地点并没有提供额外的信息，只是内容更为具体，确定了路径的起点和终点。"这种把事件的某一部分前景化的认知过程，Talmy 称之为注意力视窗（windowing of attention）。"相反，把某一部分背景化的过程被称之为隐没部分（gapping）。总之，Langacker 的分析方法与 Talmy 的事件框架法的不同主要在于对状语的处理（Ungerer & Schmid, 1996）。Langacker 把状语处理为事件发生的背景，因此认知凸显度低，常常在分析中得不到注意。Talmy 明确地把状语确定为路径成分，扩大了事件框架分析的研究范围。

第三节　小结

通过分析比较发现，Talmy 对运动的描述更为全面，他力图解释运动事件的所有概念成分。另外，他观察到概念成分的表现形式有两种，一种是显性表现形式，有独立的语言表现形式，一种是隐性表现形式，没有独立的语言表现形式，而是与其他成分融合在一起。Talmy 对运动事件的概念成分分析得更为充分和详细，在运用于跨语言分析时能够保持一致性。因此，本书以 Talmy 的分析框架作为研究基础，对英汉运动事件的语义编码形式做全面的对比和研究。Talmy 的运动事件框架及词汇化模式，为描述运动事件及进行跨语言对比提供了概括性、简约的方法。

第三章　焦点与背景的认知解读及其语言编码形式

第一节　焦点与背景的界定

一、焦点与背景的定义

概念语义学认为语言表达的概念结构（或称语义结构）是人们的各种认知能力作用于语义内容的结果，这些不同的认知能力被称作"识解"。同一情景受不同认知方式的影响，会产生不同的语言表达形式，因而意义也产生差异。识解的方式包括具体性、凸显、视角、动态性、虚拟现实性等。当识解指向一种关系时，参与者呈现出不同的凸显程度，最凸显的叫作焦点，其他的参与者就是背景。

20世纪，丹麦心理学家鲁宾（Rubin）首先提出焦点–背景论，后来完形心理学家借鉴这一理论来研究知觉（主要是视觉和听觉）以及对空间组织的描写方式。对焦点与背景的划分体现了认知语言学的一个重要观点，即凸显观。当我们环顾周围环境时，总有某个物体会引起我们的注意,这个物体通常会成为我们关注的焦点,而整个环境成为衬托这一焦点的背景,这就是凸显原则。我们的知觉如何体现出了凸显原则,这是完形心理学家很感兴趣的问题。被感知部分总会被分为焦点和背景,焦点往往具有明确的结构,总能被人们首先注意到,而背景则是模糊不清,没有分化的部分。人们关注到某一客体时,总是在未分化的背景中看到焦点,这里的"背景"就是"焦点"的认知参照点,是人类体验的直接结果。鲁宾著名的"脸/花瓶幻觉"证明了图画中的确存在着"知觉凸显"。脸和花瓶不能被人们同时识别,要么把脸作为认知参照点,要么把花瓶作为认知参照点,两者互相转换。这一现象促使我们思考这样一个问题:是什么因素支配着人们对焦点和背景的选择呢?焦点与背景相互转换的"脸/花瓶幻觉"只是一个特殊的例子。在日常生活中,绝大多数视觉情景是焦点-背景分离现象,不能互为转换。例如,当我们看到"桌子上有本书"这样的情景时,"书"通常会被认为是焦点,桌子是背景,而不是相反情况。根据完形心理学家的观点,焦点的确定应遵循"普雷格郎茨原则(principle of pragnanz)"。焦点通常具有完形特征(不可分割的整体)、体积小、易移动等特点。

Talmy 将空间场景主要分为三个组成部分:焦点、背景和参考框架(Talmy,2000)。物体的空间关系是相对的,这就使得一个物体位置的确定需要另一个物体作为参照。"焦点是一个可移动的或概念上可移动的物体,它的路径、位置或方向被视为一个变量,相关的问题就是具体的值。""背景是一个参照实体,一个相对于参照框架而言静止的场景,焦点的路径、位置和方向可以通过这个参照框架来描述。"(Talmy,2000)焦点和背景是人类认知中一对相对的概念，是对人类空间进行组织的一种基本认知能力，用其来阐释语言信息的组织具有重要的理论意义。

Langacker 认为焦点和背景的分离是人类的认知建构活动，并把它放在"视角"（perspective）这个大的理论框架内进行研究，对焦点和背景做出如下定义："主观上讲，一个情景中的焦点是一个次结构，在被感知时，它相对于情景的其余部分（背景）更'突出'，被给予特殊的显著性，成为中心实体，情景围绕'焦点'组织起来，并为它提供一个环境。"（Langacker，1987）

Talmy 和 Langacker 对焦点和背景所下的定义在本质上是一致的。焦点和背景不是部分与整体的关系，两者相互独立、分离，处于共同的参照框架中。

二、焦点与背景的定义性特征和联想性特征

在人类的认知活动中，是什么支配人们对焦点和背景的选择呢？除了以上的基本定义之外，有没有外在的、具体的特征可以帮助我们更方便地确定焦点和背景呢？完形心理学家曾提出"普雷格郎茨原则"来确定视觉感知场中的焦点，其具有"闭合、连续、体积相对较小、颜色相对较深、比例均衡且易于运动"的特征（Ungerer & Schmid，1996）。认知语言学家 Talmy（2000）对语言中的焦点和背景给出了定义性特征和联想性特征。之后，我国认知语言学界知名学者文旭对此进行了修改和补充，认为焦点和背景的定义性特征是：焦点不能确定已知的空间或时间特征，而背景具有已知的空间或时间特征，并且可以作为参照点用来描写、确定焦点的未知特征。具体内容见表 3.1：

表 3.1　焦点和背景的定义性特征和联想性特征（Talmy，2000）

特征	焦点	背景
定义性特征	空间或时间特征未知	可以作为参照点，用自己的已知特征描述焦点的未知特征
联想性特征	较易移动	位置较固定
	较小（几何图形较简单）	较大（几何图形较复杂）
	新信息，不易预料	较熟悉，更易预料
	相关性较高	相关性较低
	不易立刻被感知	较易立刻被感知
	凸显程度高 较依赖	凸显程度低 较独立

三、焦点和背景在运动事件中的分配理据

在对运动进行概念化时，焦点是指运动的物体，背景是指参照物体。以参照物体作为背景才能感知焦点的运动。物体越容易移动，它就越适合充当焦点。相反，物体越固定，它就越适合充当背景。判断一个物体适合充当焦点还是背景要根据"可移动性"特征。人具有自由意志，可以有意识地向任何不同的地方移动，移动能力最强，充当焦点的可能性也最大，其次是除去人之外的任何其他有生命体，再次是无生命物体。物体自主性、独立性越强，移动性越强。相反，物体依赖性越强、自主性越差，可移动性越差。

"可移动性等级（movability hierarchy）"在语言表征中对焦点与背景的分配具有普遍性的影响。在这个等级中，物体的级别越高，它就越适合、越有可能充当运动的焦点。物体的级别越低，它就越可能被概念化为背景。物体的可移动性是物体在参与运动之前的一种内在特征。比如，不管汽车是否参与运动事件，从概念上来讲，它是一个具有非自主性特点的可移动的物体。

与物体的这种恒定的内在性特点相比，有些特征只有在物体参与到运动事件中时才表现出来，这些特征具有情景依赖性和临时性。运动事件是理解这些特征的概念框架，否则这些特征就不存在。焦点和背景的情景依赖性和临时性表现在三个方面：概念凸显度（conceptual prominence）、位置确定性（knownness of location）、对几何构造的认识（awareness of geometrical conformation）。

　　在说话人的意识中，运动场景中的参与者并不具有相同的凸显性。焦点是注意中心，在概念化时，是最凸显的因素。相应地，背景成为描写或确认焦点的参照物，处于非凸显地位。比如，当我们在谈论汽车作为运动体、山脉作为参照物的运动场景时，在我们的心目中，汽车很自然地比山脉具有更凸显的地位，我们自动地把注意的焦点放在汽车上，而不是参照物山脉上。总之，在对运动事件进行概念化时，焦点比背景凸显。

　　焦点与背景的空间关系很自然地形成对比，焦点是移动的物体，它的位置不是预先确定的，是动态的，并且随着时间的变化而改变。背景不但静止不动，而且其位置是听话人所知道的。因为背景是已知的和预先确定的，所以焦点在空间的移动才得以被描述。例如：

　　汽车开进山里。

　　在例句中，"汽车"的位置是个变量，"开进山里"是个新信息。背景"山"的位置对于听话人来讲是已知事实，这就是情景依赖性特点的背景位置已知性。

　　第三个方面的特征表现在说话人通常对焦点与背景的认知维度不同，焦点通常被概念化为点状物体（pointlike object），即零维度，尽管焦点通常是一个多维度的几何体。为了表达焦点与背景的空间关系，背景的几何特征通常描写得细致，凸显细节，因此背景通常被概念化为两维或三维物体。

焦点与背景的这种概念化差别在上例中表现得很清楚。从我们的经历中得知，汽车是一个封闭类的物体，由封闭的内部空间和外部表面构成。外层空间被典型地分为六个区域：前面、后面、左边、右边、顶部、底部。然而，在上例中，有关汽车几何形状的细节并没有出现在说话人的意识中，相关联的只是汽车作为一个整体在路上。焦点"汽车"被概念化为一个零维度的"点"，而把背景"山脉"通过方位词"里"和卫星词"进"概念化为一个三维空间。

综上所述，焦点和背景具有可移动性、情景依赖性和临时性特征。焦点在概念化过程中是最为凸显的物体，空间位置不确定，它的几何形状通常被概念化为一个点。背景的凸显度次于焦点，它的位置是预先确定和已知的，为了描述焦点位置的变化，通常要突出背景的几何特征。

在谈论焦点与背景的概念特征时，Talmy 认为物体的大小也会影响焦点与背景的分配。Talmy 认为焦点物体通常比背景物体小，这也许比较适用于焦点与背景之间静态关系的描述。例如：

The bike is near the house.

自行车在房子旁边。

? The house is near the bike.

? 房子在自行车旁边。　　（Talmy，2000）

从上面的例子可以看出，在描写静态的关系时，自行车比房子更适合充当焦点。反过来，句子就不自然。但在描写运动事件时，物体大小并不是分配焦点和背景的一个区别性特征。小的物体可以向大的物体方向运动，也可以从大的物体旁边经过，反之亦然。

也就是说，能否被概念化为焦点，物体是否移动或处于运动中是关键，而不是取决于运动场景中出现的物体的大小。例如：

小花狗朝我跑过来。

我朝小花狗跑过去。

这两个句子都能被接受。

Talmy 把静止的方位描述作为一种运动事件，物体的大小与这类事件焦点与背景的确定有关。在描述方位关系时，大的物体做背景，小的物体做焦点，这种安排比较合理。比如自行车做焦点，房子做背景，句子就很自然，可被接受。反过来，自行车做背景，房子做焦点，句子就别扭，不被人们接受。

总之，除了可移动性这种内在特征外，焦点与背景的概念化也表现出了情景依赖性和临时性特征，与物体的大小并没有关系。

第二节 焦点与背景的语言编码形式及句法位置

上面我们讨论了焦点与背景的一般概念性特征，下面我们研究焦点与背景从概念化层次如何表现为语言的表层结构，以及这一过程的认知操作。

Talmy 指出，并不是六种语义成分在特定的语言形式中都有形态句法表征。在词汇化过程中，有些成分融合进同一个句法单位。在这六种成分和它们所形成的各种各样的融合方式中，Talmy 对运动的方向路径如何实现句法表征特别感兴趣。他注意到，路径并不总是对应于特定的语言形式。西班牙语就没有专门表达路径的语言形式，而在英语和汉语中就有专门的表达路径的语言形式，那些与路径形成有规律联系的语言形式，Talmy 称之为卫星词（satellite）。

一、英语和汉语对焦点的编码形式及句法位置

在描述运动事件时，不同的语言对语义成分有不同的编码形式，事实上，每一种语言都有许多不同的方法描写运动事件。Slobin（2004）曾指出："每一种语言都为操这种语言的人提供许多不同的描写运动事件的方式——词项的合并和不同结构类型中的语法词素。"

在描写运动事件时，需要对运动的物体"焦点"和运动参照体"背景"进行语言表征。英语和汉语像世界上大部分的语言一样，用同样的语法范畴进行编码，即名词或代词。北加利福尼亚州有一种少数民族语言称为 Atsugewi，这种语言有一个典型特征，即焦点不是用独立的语法范畴进行表达，而是融合进动词，即 motion+figure。例如：

-lup- 表示一种发光的球形物体（比如眼球、冰雹）

-t- 表示附着性的一种平面物体（比如邮票、衣服上的补丁）

-swal- 表示悬挂的、质量比较轻的线性物体（比如晾衣绳上悬挂的衣服）

（Talmy，2000）

英语中偶尔也有这种现象。例如：
It rained in through the bedroom window.
I spat into the cuspidor.

（Talmy，2000）

古汉语中有类似用法，如：天雨雪、武卧啮雪（《汉书·苏

武传》),现代汉语中下雨、下雪、吐痰属于动词词组,而不是词。

英语中还有一种现象,背景没有单独的句法表达形式,而是与动词、路径相融合,即 motion+ground+path。例如:

I boxed the apples.

I shelved the books.

但这两种情况都不是英语中的主流形式,其主导方式是焦点和背景以独立的词汇形式出现。

在汉语中,焦点的句法位置在自主运动事件和致使运动事件中不同。在自主运动事件中,焦点是动作行为的发出者,动力来源于焦点本身,往往编码为句子的主语。在这种情况下,主语可以位于句首,也可位于句末。例如:

她猛地站起来,迅速跑下楼梯。

从池塘里跳出来一只青蛙。

在英语中,焦点也具有相同的句法位置。例如:

The frog ran out of the bottle.

From inside the bottle ran out an insect.

在致使运动事件中,焦点往往是受动者,动力来源于使动者。在汉语语法结构中,焦点通常被编码为动词的直接宾语或"把字结构"中的宾语。例如:

他从西山拉回几匹骆驼。

他把几大箱古董拖回去了。

"把字结构"是汉语中特有的一种现象。用认知语言学的观点来分析,"把"字句是一个反映整体认知图式的"构式"(construction),它最基本的语义是表达一种"致移"意义。"致移"构式中最需要注意的一点就是驱动力,这种驱动因素必须是先于行为而存在的,这就是"把"字句主语的使动性特征。"把"

字句中的宾语是句子的焦点，是典型的受事成分，其作为动作行为的对象而存在。

"把"字句最大的特点就是它的语序格局。构式语法认为，构式意义不是其组成成分意义的简单叠加，也不能从其整体结构推导出来。构式是一个完整的认知图式，其组成成分的次序、远近、多寡等都对构式的整体意义产生重要影响。作为驱动力的主语成分必须出现在整个行为的谓语形式之前，被处置的事物也必须出现在行为发生之前。"把"字句首先要选定一个目标对象，使它产生位移或状态的变化。这个目标先于行为而存在，在句法上的表现就是出现在表示行为的词语之前。焦点在"把"和动词之间，显然有加强处置作用的效果。句法的顺序反映了认识的顺序。句法象似性（iconicity）可以解释这种现象，为其提供理据：动词越靠近宾语，距离越近，越容易对宾语产生影响。这就是Lakoff所说的"邻近便是影响力的加强"的原理。受动事物即焦点出现在动词前面，满足了"先于行为确定目标"的要求，而且也是靠近动词的最佳策略——因为动词后面"体"最有竞争力，宾语的竞争力并不强。吕叔湘（1944）指出："一则宾语有以把字提前之式，此即另辟蹊径以接近动词。"这样，放在动词前的受动事物比放在动词后影响力更强。通过以上分析，我们就得出了"把"字句的整体意义：由施事体作为起因，针对选定对象受事体以所使用动词的方式使受事体发生位移的一种行为。

总体来说，象似性的"顺序"原则很好地解释了"把"字句的句法结构（沈家煊，1993）。这样就可以理由更充分地解释为什么很难把"把"字句"还原"为"主—动—宾"句，而跟"受事主语句"有颇多相近之处（朱德熙，1982）。从句法象似性角度看，"把"字句跟"主—动—宾"句的差异远远大于跟"受事主语句"的差异。

在英语致使运动事件中,焦点无一例外都是位于动词的后边。例如:

Ashley put down the axe.

Scarlet jerked her hands away from his grasp and sprang to her feet.

二、背景在英汉运动事件表达中的句法位置

背景的语法表达形式与焦点相同,都是用名词或代词等语法形式。但背景的句法位置在英语、汉语中有很大的不同。在英语中,背景几乎都是跟在卫星词后面,但在汉语中,背景的句法位置灵活多变,这是由汉语卫星词不同的方向值造成的。

1. 汉语卫星词的异质性

与表征焦点的语言成分的句法位置相比,表征背景的语言成分的句法位置多种多样。根据 Talmy(1985)对运动结构类型学的研究,汉语运动结构如果不完全等同于英语,也与其高度相似。他认为,汉语运动结构在词汇、语义,甚至句法方面与英语完全对应。根据词汇化模式,汉语和英语都是用动词词根外的语言单位来编码运动事件的空间方向。例如:

瓶子漂过石头旁边。(Talmy,2000)

I drove past him.(Talmy,2000)

如果要表达经过某个物体,在汉语中编码为语言形式"过",在英语中编码为"past",这两个成分都是独立的词素。两个动词"漂"和"drove"包含了两个语义成分——"运动"和"方式"。从语义角度来讲,这两个卫星词属于同一语义类型。如果不做进一步的描述,Talmy 的分析暗示所有的汉语卫星词遵守同样的模

式,即汉语的卫星词紧跟动词,后面紧接着是背景。

汉语的卫星词被认为与英语"完全对应"(entirely homologous)(Talmy,2000)。在汉语中,被 Talmy 称为卫星词的是指汉语的趋向动词。然而,通过仔细研究汉语运动结构中的运动模式我们会发现,其表现出了不同于英语的特征,这些特征与汉语卫星词的特征密切相关,表现为背景的不同句法顺序。在英语中,背景固定地位于动词和卫星词之后。而在汉语中,背景成分可以出现在动词之前或之后,依赖于同时出现的卫星词的意义。对于有些卫星词,背景甚至不用出现。这些不同的句法顺序,看似无规律,仔细研究会发现,句法上的不同是由不同的语义造成的。Fillmore 曾提出方向值(orientation value)概念,我们把这一概念融合进运动结构的分析中。通过对汉语卫星词语义值的特征进行详尽的分析,我们会更全面地认识汉语运动结构语义和句法的特点。

Talmy 提到的汉语卫星词有来、去、上、下、进、出、到、倒、过、起、掉、走、回、拢、开、散。

汉语卫星词的内部异质性致使背景的句法位置不同,这就向英语、汉语运动结构类似的观点提出了挑战。英语严格要求背景放在动词和卫星词之后,而背景在汉语句法结构中的位置是多样的。例如:

学生跑进教室。

卫星词"进"只允许背景成分出现在卫星词之后,构成动词—卫星词—背景这一句法模式。如果背景词放在动词之前,例如:

?学生教室跑进。

此句不能被接受。而对于卫星词"起",背景词只能放在动词之前,句子才能被接受。例如:

？我拿起书从桌子上。

这个句子在汉语中不被接受，只能改为：我从桌子上拿起书。并不是每一个卫星词后面必须出现背景词，下面的句子就不需要出现背景词：

洪水把房屋冲倒。

汉语卫星词并不是一个同质群体，而具有不同质性，从而引发不同的句法模式。

2. 方向值的分类

方向值可以对汉语运动事件背景词的不同句法位置做出解释。通过方向值特征，我们可以更好地理解汉语卫星词的异质性及它与句法的关系，即可以更好地解释汉语运动事件这一貌似不规则的模式。下面我们简单地解释一下方向值的概念。

"方向值"这一概念是由 Fillmore 在他的格语法中提出来的。格语法认为，方位名词可以选择方位值的四种类型之一作为在句中的格角色，这四种方位值是方位、路径、来源、目标。尽管在现代句法理论中，Fillmore 的格语法比较流行，但语义值概念在 Talmy 的运动类型学研究中并没有被给予足够重视。Talmy 把各种方向值作为路径的小类，而把方位名词作为一个独立的范畴（Talmy，2000）。方向值概念可以用来对背景词的句法顺序做系统而充分的描述。方向值标示了焦点与背景之间的空间关系，导致了背景词不同的句法位置。

基于每一个卫星词的语义，把它们分为五种类型：终点、起点、经过、往复和构型。

（1）终点。

汉语卫星词中，"上""下""进""出""到"描述了与终点方向相关的路径。在句法上，终点编码为背景词。在这五个

卫星词中,"到"在语义上图式最强,表示目标方向,"到"描述运动趋向终点。除此之外,它不能提供特定方向的任何细节。例如:

他匆匆忙忙跑到家。

与"到"相比,其他四个卫星词都能表达某种特定的方向。运动方向的确定要参照背景的几何形状。例如:

他爬上树。

我摔下树。

这两句话体现出的是上—下意象图式。

上课铃一响,学生们匆忙跑进教室。

有些鸟逃出笼外。

这两句话体现的是容器意象图式。

(2)起点。

卫星词"开""走""掉""起"都表示与起点相关的路径,确切一点说,它们突出了焦点物体从它们所在的位置向别的方向移动。换句话讲,参照点代表的是运动的起点。

"开"和"走"描述的路径是焦点物体脱离它们所在的原点位置。例如:

我把包装纸撕开。

他把书拿走。

另外两个卫星词"掉"和"起"不同于"开"和"走","掉"和"起"明确了路径的方向。在描述焦点物体脱离原点时,"掉"和"起"使物体沿着垂直轴运行,但这两个词描述的运动方向是相反的。例如:

他拍掉身上的灰尘。

他从跳板上跳起。

"掉"描述的路径方向与"起"描述的路径方向分别表示"向下"和"向上",但与参照体的几何形状没有关系。由于引力的作用,人们形成了一种概念上的垂直轴,这种概念上的垂直轴提供了描述方向的参考背景。

(3)经过。

卫星词"过"不像上面描述的九个卫星词,既不表示方向,也不表示来源,而是表示从参照体的一边到另一边,没有特定的方向。参照体可以是平面物体、点状物体或隆起的物体。例如:

走过一片旷野。

经过门口。

爬过墙。

参照体的几何形状对于卫星词"过"的用法不产生任何影响。

(4)往复。

"回"像"到"一样,表示运动物体向特定的方向移动,尽管语义相似,但"回"表示的空间关系更为复杂。从起点到终点,然后再从终点到起点。只有从终点到起点的路径被语言编码,而前面的路径没有明确的语言形式,但可以推断出来。由于语义的复杂性,尽管"回"也凸显路径的目标,但把它作为独立的范畴,区别于其他单一的表示路径目标的卫星词。

(5)构型。

卫星词"散""拢""倒"既不表示运动的终点,也不表示运动的起点,它们的方向值被标示为构型,表示焦点物体形状的改变。对上面提到的四种方向值类型的判断,需要依赖外在的背景物体,而这三个卫星词不需要根据任何外在的参照体来描述空间关系,它们描述的是焦点物体作为一个整体和其组成成分之间的关系,或者是焦点物体现在的状态与先前的状态对比。不管哪一种情况，都没有明确的外在参照物体，确切一点说，焦点物体本身就是参照背景。

"散"和"拢"描述焦点物体组成成分的运动方式，"散"指的是焦点组成成分向四周分散。"拢"指的是焦点组成成分向一处集中，形成一个复合体。例如：

他把地上的灰吹散。

我把头发梳拢。

"倒"表示焦点物体现在与先前相比状态的变化，确切一点说，"倒"描述的是同一物体在不同的时间点物体状态的改变。例如：

那辆车把树撞倒了。

在这句话中，焦点物体最初的物理形状（垂直延伸）被识解为背景，现在的形状（水平方向）被看作焦点。

3. 方向值与背景物体的句法关系

根据对卫星词方向值的分析，汉语卫星词内部具有异质性，它们后面接不同类型的背景物体。"上""下""进""出""到"和"回"属于一类，背景物体跟在卫星词后面，并且不需要介词引导。根据Talmy的分析，它们属于联合类。"开""走""掉""起"属于另一类，背景物体需要介词引导，放在动词前面。"过"属于第三类，兼具上面两类的特点，背景物体既可跟在卫星词前，也可跟在卫星词后。但是Talmy未解释这三个词"散""拢""倒"，它们既不接前置背景词，也不接后置背景词。

方向值可以对这一现象做出合适的解释：表示目标方向的卫星词通常接后置背景物体，表示来源方向的卫星词需要前置背景物体。"过"表示的方向值比较独特，既不表方向，也不表来源，而是表示经过，因此，背景物体可以放在前，也可以放在后。

"散""拢""倒"表示的方向值与焦点物体的构型状态有关，因此，背景物体不需要出现。

方向值还可以用来很好地解释句子成分的顺序，至少在汉语中是这样。句子成分的顺序通过象似性原则与语义值相连。根据象似性原则，基于卫星词的语义值可以对背景物体的句法位置做出解释。

在语义方面，"上""下""进""出""到"和"回"凸显路径终点。在句法方面，它们都接不带介词的后置背景词。如果加上介词或把背景词提前，句子不能被接受。例如：

a. 他摔下楼梯。

b. 他摔下往楼梯。

c. 他往楼梯摔下。

目标方向与背景词后置的关系并不是偶然的巧合，而是成系统地受象似性原则的驱使。戴浩一（1985，1989）通过对汉语词序的研究认为，在汉语中，两个句法单位的相对顺序是由它们所代表的状态或事件的时间顺序决定的。也就是说，汉语的语序与事件发展顺序具有象似性。在汉语运动结构中，象似性原则为后置背景词和目标方向卫星词之间的联系提供了分析理据。不管运动是自发的，还是受外力驱使，运动总有一个过程，目的地的到达总是在最后。如果我们把运动看作一个按横向的时间轴发生的过程，那么目的地处在时间轴的末端。表示目标的背景词置后，符合自然界事件发生的顺序。方向值概念对汉语形式与意义的连接做出了合理的解释。

在汉语中，前置背景词通常必须与介词一同出现。从语义上讲，"开""走""掉""起"表示来源方向。在句法上，它们都需要一个前置背景词。前置背景词表示焦点物体运动前的位置，

在语序上置于动词之前,反映了句法与语义的象似性关系。例如:

一只小鸟从树上飞起。

"过"既可以把背景词置于动词之前,也可以置于动词之后,这一句法特征与"过"的语义值有关。"过"描述的路径方向指焦点物体从背景物体的一边移动到另一边,没有特定的方向。也就是说,"过"既不表示终点方向,也不表示起点方向,这一语义特征解释了背景位置的灵活性。一方面,"过"不表示路径起点,因此,没有必要把它放在动词之前。如果"过"与后置背景词连用,这也不违背象似性原则。另一方面,"过"不表示目标路径,因此没有必要必须与后置背景词连用,如果"过"与前置背景词相连,也不违背事件发生的顺序与语言表征顺序的象似关系。方向值为背景词在语序中的位置提供了有力的解释,对语序的形式特征提供了理据。

方向值概念也可以解释"散""拢""倒"三个词的形式特征。在语义上,这三个词凸显的是焦点物体的形态。"散""拢"描述的是焦点物体的组成成分与物体的空间关系。"倒"描述焦点物体由于失衡而产生空间移动,移动的参照点是它原来的垂直状态。这三个词都缺少一个外在的参照背景,表现在形态句法上就是不需要背景词的出现。例如:

我把脚踏车推倒。

在词汇语义学的基础上,方向值概念对这三个词的句法模式提供了有理据的解释。对于这三个词,焦点物体就是背景物体,不用参照外在的背景物体就可以描述焦点物体的运动方向。基于象似性原则,语义值概念对卫星词在语义和句法两方面进行了全面、详细的描述。

总体来讲,在汉语中,背景词在句法中有四种可能的位置,如表 3.2 所示，V 代表动词，S 代表主语，G 代表背景：

表 3.2 背景词在句法中的位置

类型	例子
V-S-G	上、下、进、出、到、回
G-V-S	开、走、掉、起
V-S-G 和 G-V-S	过
V-S	散、拢、倒

表 3.2 表明，汉语卫星词并不是一个同质群体，而具有不同质性，从而引发不同的句法模式。句法的差异削弱了 Talmy 的观点——英语和汉语运动事件的词汇化模式具有完全的对等性。

第三节　焦点优先于背景的句法顺序原则

Talmy（2000）提出焦点和背景在句法结构上呈现顺序的优先性原则。这个原则是："在基本形式上，焦点在句法上优先于背景。"更具体一点来讲，对于句子中的名词性成分，这种优先性体现在格等级上。在施事句中，焦点是主语，背景是宾语。在非施事句中，施事者为主语，焦点是直接宾语，背景是间接宾语。

Talmy（2000）的解释是，在句法上体现出来的这种优先性顺序原则是由人们对焦点和背景的概念化决定的。也就是，在运动事件中，焦点是运动的物体，其移动所经过的路径是概念化的内容。背景是描写路径的参照点。因此，焦点在运动事件的概念化过程中处于凸显地位，在说话人的意识中明显要比背景更能唤起人的注意。在句法表现中，焦点的位置优先于背景。然而，在致使运动事件中，施事者的句法位置应该比焦点更凸显，在句法结构上，位置优先于焦点。因此，施事者通常占据主语的位置。在这种情况下，焦点仍然占据第二凸显位置，优先于背景。总之，不管运动事件是自发还是使动，在句法角色分配中，焦点总是处于优先地位。这可以总结为"焦点优先于背景"原则。可以用公式表现为：

施事者＞焦点＞背景

这一公式反映了一种映射关系，"即人类意识中凸显的概念成分与句法中角色分配优先性之间的对应关系。也就是说，一个成分在意识中越突出，那么它在句法成分分配中就越具有优先性。这种关系被称为凸显性映射（saliency mapping）。它用来指导和规范人类概念化的语言表征，焦点优于背景原则是这一映射的一个典型范例。这一映射也可以看成象似现象，连接人类的概念化与语言表征"（Haiman，1985）。例如：

He went through the orchard.

She tiptoed down the stairs and out of the house.

Mummy hurried Scarlett up the dark stairs.

They picked up their rifles and went out into the hall.

在英语中，背景的位置几乎都是处于卫星词后面，即"verb+ground"的格式，简写为 V+G。而在汉语中，根据卫星词方向值的不同，背景也会出现在不同的句法位置。

"语言是一种线性排列的符号系统，这种线性符号系统折射出人类思维的某些特征。操不同语言的人在表达相同的场景时之所以会选择不同的形式，是因为它们对场景的观察与表述有不同的视点（viewpoint），或者说不同的扫描方式。在不同的语言里，说话人会选择不同的扫描方式来描述各种场景。"（张敏，1998）

英语的扫描方式是先看焦点，再看背景，表示空间方位关系的介词结构几乎总是居于句子的末尾。同时，英语的扫描方式先考虑动作行为或者活动，再考虑活动场所。这种扫描方式解释了英语中背景总是处于动词后面的原因。汉语的扫描方式正好相反，先从大处着眼，整体上把握焦点与背景的关系，然后才是细节，关注行为动作本身。

语义和句法是一个连续体，语言是人类体验的映射，是概念主体对客体的能动识解，是主体和客体互动的结果（Langacker，1999；Talmy，2000；沈家煊，2006；束定芳，2007；王文斌，2007）。在语言实际使用过程中，语言使用者通常会根据特定语境进行动态操作，一方面，遵循语言和识解的普遍规律，另一方面，充分发挥语言和识解的特殊性，生成适合特定交际目的的语言构式。背景成分在英语、汉语句法中的不同位置是语言类型和不同民族识解中普遍性与特殊性协同作用的结果。这实际上体现了英、汉两个民族在识解方式和语言特征上的特殊性。

第四节　小结

在本章，我们解读了焦点与背景的对比性特征。焦点和背景的概念化除了具有"可移动性"特征外，还具有情景依赖性和临时性特征。其表现在三个方面：概念凸显度、位置确定性、对几何构造的认识。在句法位置的出现顺序上，焦点总是出现在背景前面，表明人类在认知过程中，概念成分的凸显度与句法角色分配优先性之间的对应关系。汉语中背景的句法位置比较灵活，主要是因为卫星词方向值的不同。汉语的句法角色分配顺序表现出较强的象似性原则。

在表征焦点与背景的语言形式上,它们表现出一些共同特点。第一,焦点与背景基本上都是用独立的词项表示。第二,表征焦点与背景的词均用同一语法范畴。

第四章　路径的认知解读及其语言表达形式

在这一章，我们探究路径的概念化及其表征。运动事件的六个语义成分中，路径是最核心的成分，是对运动事件进行分类的依据。路径是其他几个语义成分得以架构的基础，Talmy认为，它要么被编码于动词中，要么被编码于卫星词中。Talmy对"卫星"这个概念是这样定义的："卫星"可以是词缀，也可以是独立的词语，从属于动词的语法范畴。除了名词性短语和介词短语，它还包括以下所有的语法形式：英语动词、小品词，德语动词前缀（分离或不分离），拉丁语或俄语的动词前缀，汉语动词补足语。

Talmy根据路径编码于动词还是卫星词，把世界上的语言分为卫星框架语言（satellite-framed language）和动词框架语言（verb-framed language）。如果方式编码于主要动词，路径编码于附加语，这类语言称为卫星框架语言；如果路径编码于主要动词，方式编码于主要动词之外的成分，比如动名词，这类语言称为动词框架语言。Slobin对上述分类提出异议，在此基础上又提出第三类框架语言，即同等框架语言（equipollently-framed language），比如汉语和泰国语。在这类框架中，方式和运动编码于连动结构中。

第四章 路径的认知解读及其语言表达形式

The ball   rolled   into   the hole.（卫星框架语言）
焦点   运动+方式   路径   背景

La balle est entree dans le trou en roulant.

The ball   entered   the door by rolling.（动词框架语言）
焦点   运动+路径   背景   方式

Chan deen khaam thanon khaw paj naj suan.（同等框架语言）
球滚进了山洞。

ball   roll enter   ASP   cave
焦点   方式+运动   体标记   背景

　　动词框架语言包括土耳其语、闪族语、罗曼语、日语和韩语等，其中西班牙语是典型的动词框架语言。卫星框架语言包括除罗曼语之外的大多数印欧语、乌戈尔语和各种美国土著语言等，其中英语是典型的卫星框架语言。汉语的类型归属仍有争论，尚无定论。

第一节　"路径"含义的框架体系

　　路径指运动物体运行的路线，Talmy认为路径含义并不单一，其概念化过程比较复杂，提出了路径复合体（path complex）这一概念。齐沪扬提出了现代汉语空间系统的理论框架，研究语言如何表达物体在空间中的方向。空间系统包括方向系统、形状系统和位置系统，三者各自独立又互有关联。物体在空间的位置变化既可以表现在词汇上，也会表现在句法上，映现出不同的句子格式。位置系统在空间系统中具有重要的地位，起着架构作用。根据Talmy的观点（2000），路径有三个概念成分：矢量（vector）、构型（conformation）、方向（deictic）。在此基础上，Slobin（2008）又添加了第四个概念成分，即 earth-grid displacement（垂直方向和水平方向）。综合前人的研究，本书认为路径包含以下几个概念成分：矢量、结构、方向、维度、视角。

一、矢量（vector）

矢量原是一个数学概念，指一系列点连接的线，矢量有大小和方向。借用到语言学中，矢量指以背景物体为参照物，焦点物体呈现出来的动态阶段性特点。很明显，矢量本身就是一个概念复合体。理论上我们可以对运动路线上的任何一点识解为一种矢量特征，但是人类的认知特征是只把矢量最明显的特征概念化，并不需要对现实世界的每一个细节进行概念化，因此语言只表征那些凸显的特征。在对运动事件进行概念化时，焦点物体被高度抽象化，根据与背景图式的关系，Talmy 识别了焦点图式在运动过程中表现出来的三种基本矢量特征：终点（arrival）、起点（departure）、经过（traversal）。这三种矢量特征极有可能具有普遍性。在语言的认知与表征中，终点和起点是最具有认知凸显性的两个矢量因素。起点表示运动的初始阶段，终点表示运动的结束阶段。除了这两个矢量成分，经过凸显度较低，但也经常在语言中得到描述，表示初始阶段和结束阶段之间的矢量特点。在 Talmy 给出的一系列公式中，焦点和背景高度抽象化，被看作"点"。现列举如下：

a. 焦点在某一段时间内位于背景处。

The book lay on the table/in the drawer for two days.

b. 焦点在某一时刻移动到背景处。

The piece of paper blew onto the table/into the box at exactly 2：05.

c. 焦点在某一时刻离开背景处。

The piece of paper blew off the table/out of the box at exactly 2：05.

d. 焦点在某一时刻经过背景处。

The ball rolled across the crack/past the lamp at exactly 2：05.

e. 焦点在某一段时间内在一无界范围内运动。

The ball rolled down the slope/along the ledge/around the tree for 10 seconds.

e'. 焦点在某一段时间内向背景处移动。

The ball rolled toward the lamp for 10 seconds.

e". 焦点在某一段时间内从背景处离开。

The ball rolled away from the lamp for 10 seconds.

f. 焦点在有界范围内沿着某一背景运动。

The ball rolled across the rug/through the tube in 10 seconds.

The ball rolled 20 feet in 10 seconds.

f'. 焦点从某个位置移动到另一个位置。

The ball rolled from the lamp to the door/from one side of the rug to the other in 10 seconds.

g. 焦点在某一刻或某一段时间后到达背景处。

The car reached the house at 3：05/ in three hours.

h. 焦点从某一时刻或在某一时间段内离开某地。

The car has been driving from Chicago since 12：05/ for three hours.（Talmy, 2000）

以上各例句表达了不同的矢量特征。

再举例如下：

a. She run to the railway station.（arrival）

她跑到火车站。

b. She went away from the railway station.（departure）

她从火车站离开。

c. He run through the forest.（traversal）

他穿过森林。

根据我们的日常经验，终点、起点、经过是最基本的三个矢量成分，表示位置变化的三个阶段。因此，极有可能这三个矢量成分具有普遍性，每一种语言都有特定的形式对应于这三个范畴。

根据实际交流的需要和目的，两个或三个矢量成分可以同时出现，矢量成分可以有如下组合方式：

A. departure+arrival

The crate fell out of the plane into the ocean.

板条箱掉出飞机落入海洋。

B. departure+traversal

The crate fell out of the airplane through the air.

板条箱掉出飞机在空中下降。

C. traversal+arrival

The crate fell through the air into the ocean.

板条箱穿过空中落入海洋。

D. departure+traversal+arrival

The crate fell out of the airplane through the air into the ocean.

板条箱掉出飞机穿过空中落入海洋。

（Talmy，2000）

这一现象所涉及的认知过程被 Talmy 称为"路径窗口化"。"路径窗口化"是指观察者在描述运动事件时，他的注意力集中的焦点即窗口所处位置，在观察者的认知中，突出其中的一个部分，而淡化其他部分。面对相同的场景，选取不同的部分作为注意的焦点,就会产生不同的语言形式。这就好比摄影机或照相机的取景框一样,注意的焦点就是取景窗口。在物体运动的整个过程中,观察者可以关注路径矢量的一部分,聚焦路径的某一部分,即开端、中端,或者末端,隐没其他部分,也可以完整呈现整个路径。与日语的取景方式不同,日语重视开端取景,而汉语重视终端取景。以上面的例子为例,A句隐没了路径的中间部分;B句隐没了路径的末端部分;C句隐没了路径的开端部分;D句出现了整个事件发生的路径。当然也可以聚焦路径中的某一部分,即 out of the plane(出飞机)、through the air(穿过空中)、into the ocean(落入海洋)。

然而,尽管大部分语言极有可能将这三种矢量概念化为最基本的成分,但是不同的语言在概念化及表征这些路径矢量时,会表现出不同的类型学差异或因语言而异的特征。比如,在概念化时,对这三种矢量的明确程度会有差异。对 arrival 这一矢量成分,有的语言区分"到达"和"未到达",而有的语言用同一形式表示。另外,各种语言用不同的方式词汇化这些概念。

二、构型(conformation)

构型指焦点和背景在空间上形成的几何关系。在运动路线的任何一点上,焦点与背景相结合可形成不同的位置关系,焦点被抽象化为一个点,背景被抽象化为一个容器或物体。与其他路径成分的概念化相同,构型的建构和识解也具有体验性和主观性。最终能被概念化的是那些在人的经验中认知突显的成分,其他非凸显性结构则被忽略。矢量与构型结合在一起所形成的语言表征,Talmy 表述如下:

a.at a point which is of the inside of [an enclosure]=in[an

enclosure]

位于容器的内部

at a point which is of the surface of [a volume]=on[a volume]

位于容器的外部

b.to a point which is of the inside of [an enclosure]=in（to）[an enclosure]

到达容器的内部

to a point which is of the surface of [a volume]=on（to）[a volume]

到达容器的外部

c.from a point which is of the inside of [an enclosure]=out of [an enclosure]

从容器的内部离开

from a point which is of the surface of [a volume]=off（of）[a volume]

从容器的外部离开（Talmy，2000）

不同的矢量特征处在不同的背景位置，就会产生不同的路径表达形式。

arrival+inside=into　　　　departure+inside=out of

arrival+surface=onto　　　 departure+surface=off

traversal+beside=past　　　traversal+surface=across

traversal+inside=through　 traversal+above= over

举例如下：

a.He ran into the library.

他跑进图书馆。

b.He ran out of the library.

他跑出图书馆。

c.The napkin blew onto the bed.

纸巾吹到床上。

d.The napkin blew off the bed.

纸巾吹下床。

e.I ran across the playground.

我跑过操场。

f.I ran past the playground.

我从操场旁边跑过。

g.I travelled through the forest.

我穿过森林。

h.I jumped over the wall.

我从墙上跳过去。

不同的矢量特征与背景位置相结合所产生的路径，均表示路径的有界性。如果表示路径的无界性，路径概念只呈现矢量特征。比如，along、around、forward、away 等。

英语和汉语在说明结构的具体程度上存在差异。汉语在表示结构路径方面不像英语介词那样有严格的分工，因此常带来表义上的不明确。"穿越"这一矢量特征与背景的不同特征相结合，产生不同的路径，在英语中分别用不同的介词表征。汉语并没有区分这些范畴，而是典型地用"过"来表征各种各样的范畴。

就像其他的认知范畴一样，对结构的识解与范畴化也是以经验为基础的，根据 Talmy 的观点，有以下几种基本的结构范畴：

（1）内部或外部结构：焦点在背景的内部和外部。

（2）表层结构：焦点位于背景的表面。

（3）侧面结构：焦点处于背景的一侧。

（4）上下结构：焦点位于背景的上下。

三、方向（direction）

描述运动事件时，涉及运动的方向，即Slobin（2008）提出的第四个概念——earth-grid displacement。运动方向的确定要参照背景。在描述运动方向时，任何物理实体都可以充当背景，要么向背景方向移动，要么背对背景方向移动。它由五个基本的范畴组成：垂直方向（up, down）、水平方向（backward, forward）、聚拢（surround）、分散（scatter）、往复（back）。

垂直方向以地面作为参照点，形成上下两个变量。例如，如果一个物体以地面为参照点垂直向上运动，那么此运动方向为向上。相反，如果物体运动的方向越来越垂直，接近地面，那么此运动方向为向下。前后方向没有参照点，取决于焦点物体，向焦点面对的方向运动，就是向前运动（forward）。反之，就是向后运动（backward）。"聚拢"指不同的焦点向着同一背景中心合拢，"分散"指不同的焦点从同一背景中心分离。"往复"指焦点物体在同一运动路径上的返回方向（back）。例如：

The balloon floated up to the sky.

气球飘上了天空。

The stone rolled down the hill.

石头滚下山。

Move forward carefully or you'll slip.

小心往前走，不然会滑倒。

It's not easy to run backwards.

倒着跑不容易。

We shall be back by six o'clock.

我六点钟回来。

The crowd dispersed in all directions.

人群散开了。

Troops have surrounded the town.

部队已将该城包围。

在我们的日常经验中，水平方向和垂直方向是最基本的方向范畴。然而，在汉语中，对这两类范畴进行表征时存在不对称性，垂直方向一般单独范畴化，并且用特定的语言形式来描述。比如，上、下、起、升等。相比之下，没有特定的范畴和对应的独立语言形式来表征水平方向，尽管水平方向的运动比垂直方向的运动频繁得多。比如，当我们描述一个球沿水平方向从路上滚到操场，对这样一个情景进行概念化时，我们找不到一个补语动词描述路径的水平方向。"球滚到操场上了"，"到"不表示任何方向特征，它只表示运动的一种"到达"的矢量特征。因此，既可以用"到"表示水平方向，也可以表示垂直方向。水平方向与垂直方向在范畴化和表征方面存在不对称性，这种不对称性可以通过我们的日常经验来解释。我们居住在地球表面，根据我们的日常经验，当我们向一个不同位置移动时，我们垂直站立着，沿着与地平线平行的方向移动。运动的默认值（default）就是水平方向的运动。因此，在我们对运动现象进行感知时，如果没有用特定的语言形式表达运动的特定方向，我们一般认为运动是水平方向的。

四、维度（dimension）

路径的维度与背景的空间特征有关系。人类对路径进行概念化时，通常要区分四种维度特征：零维度、一维度、二维度、三维度，

即点、线、面、体。每种语言通常用不同的方式对不同的维度进行编码。例如,英语中的编码方式:

They rode over to Twelve Oaks hours ago.

She sped down the path toward the driveway.

Swallows were darting swiftly across the yard.

She tiptoed up the steps into the silent hall.

"to"表示点,"down"表示线,"across"表示面,"into"表示体。英语多用介词对维度特征进行编码。

例如,汉语中的编码方式:

南湘矫健地从床上跳起来。

小猴子顺着树干爬上去。

我们穿过操场,来到宿舍。

顾里转身走出了食堂。

"从"表示点,"顺"表示线,"穿过"表示面,"出"表示体。汉语用介词表示点和线,用动词表示面和体。

五、视角(perspective)

1. 基点(anchorage)和注意域(region of attention)

上面讨论的路径成分只与焦点和背景的空间特征有关。而视角的认知范围更大,把焦点、背景和路径置于一种更大的空间中进行定位。描写运动路径时,首先说话人选择一个背景作为运动的始发点即基点,然后把注意的焦点集中于另一个物体。这一注意范围就是焦点所处的地方。视角包含两个最基本的成分:基点(anchorage)和注意域(region of attention)。在英语中,对基点和注意域的语言表达形式多采用介词来完成,如 from、to、towards 等。

观察下面两个句子，看看这两个基本的视觉成分在对路径概念化时是怎么分配的。

a. The hill gently rises from the bank of the river.

b. The hill gently falls to the bank of the river.

这两句话描述的是同一静态情景，主要不同在于对此情景进行概念化时，视角分配不同。a 句把河岸作为视角的基点，b 句的注意域是河岸，注意的基点没有明确指出。这两句话把同一物理情景概念化为两种不同的运动。我们的话语表达都是基于一定的视角，同样的场景（scene），视角的落脚点或注意范围不同，就会产生不同的概念化，进而形成不同的语言表达形式。再看下面汉语例子：

a. 学生们走出教室。

b. 学生们走进教室。

a 句中的视觉基点是教室，注意域没有确定。b 句中的视觉基点没有被确定，注意域是教室。

在视角的分配方面，设定焦点和注意域是基本的识解方法。语言用特定的形态句法手段表示基点和注意域。比如，在汉语中，"到""进""上""回"凸显注意域，而"从""出""起""开"凸显的是基点。如果基点在注意力视窗之内，就会用到相应的凸显基点的语言形式。如果注意域在注意力视窗之内，那么就会用相应的语言形式来表现。例如，汉语中的"上"和"起"表示的路径都是向上，但"上"突出注意域，而"起"突出基点。

气球飘上了天空。（凸显注意域）

天空中飘起了气球。（凸显基点）

这两句话描述的是现实中同一运动事件，但是在认知路径上，视角分配不同。因此，基点和注意域是视角的基本成分。

2. 指示成分：来、去

在描写路径时，不但涉及焦点和背景之间的关系，而且还涉及说话人在心理空间意义上与这两者之间的关系。这就涉及视角的指示（deictic）成分，包括"来（hither）"和"去（thither）"。如果说话人在心理上使自己处于注意域内，就选择用"来"表示此概念。如果说话人在心理上使自己处于注意的基点，就选择用"去"表示。"来"和"去"具有普遍的指示性特征，每一种语言都应有特定的形态—句法特征对其进行编码。在英语中，典型地用动词"come"和"go"进行编码。在汉语中，"来"和"去"通常用作动词补语指示概念。但是，在不同语言中，对路径进行概念化时，指示特征的凸显程度不一样。在这方面，英语和汉语存在很大的不同。在汉语中，指示视角广泛运用于对运动事件的概念化及其表征中。但是，在英语中对运动事件进行概念化时并不考虑指示视角。例如：

a. He rose suddenly from his chair at the sound of creeking wheels.

听到马路上咯吱咯吱的车轮声，他突然从座位上坐起来。

b. Indistinguishable figures descended from a wagon.

几个模糊的人影从大车上下来。

c. She twisted from side to side, pointed and bounced about.

她扭来扭去，指指点点，蹦蹦跳跳。

d. The pigeon flew out.

鸽子飞出去了。

上面的英语句子并没有凸显指示视角，但对应的汉语翻译都凸显了指示视角。这表明，说英语的人描述英语运动事件时，更多地涉及内在参照框架，即以物体为中心的坐标系。说汉语的人，更多是用相对参照框架,即通过观察者平面上的坐标确定背景与焦点的位置。

说话人对指示视角进行概念化时,往往基于他们自己的经历。在有些情况下,基点或注意域不在说话人的意识中,那么说话人只能选择可见的一点作为视觉分配的依据。例如:

a. 我把饭吃下去了。

b. 他把吃下去的饭都吐出来了。

a句中焦点的基点是可见的,注意域不可见。b句中,基点不可见,注意域可见。因此,指示视角的分配不同,指示词的使用也不同。

为了达到一定的交际目的,在对同一运动事件进行概念化时,说话人从心理上既可以把自己处于基点的位置,也可以使自己处于注意域的位置。例如:

a. 我明天去你家看你。

b. 我明天来你家看你。

和其他的识解(construal)方式一样,指示视角的分配以经验为基础,在本质上具有主观性。

第二节 英语路径的编码形式

一、用介词、副词编码路径

英语中路径典型通过小品词来表示,这些小品词可以分成三类,表达不同的空间关系(Jackendoff,1983):a. 表示目标的小品词,如 to、in(to)、on(to)等;b. 表示来源的小品词,如:from、out、off、away 等;c. 表示经过的小品词,如 past、over、 around、through、across、down 等。例如：

When we get across Five Points, it won't be so bad.

当我们穿过五角场，情况就不会这么糟了。

Sherman marched out of the burning town and the Confederates returned.

舍曼撤出这座燃烧的城市，南部联邦的军队回来了。

Mammy stepped from the train at Atlanta the next morning.

妈妈第二天上午在亚特兰大步出火车站。

He went through the orchard.

他穿过果园。

She tiptoed down the stairs and out of the house.

他踮着脚尖下了楼梯，又走出屋子。

She hastened down Baker Street.

她赶快走过贝克街。

A tall black boy of their own age ran breathlessly around the house and out toward the tethered horses.

一个高大的黑人男孩气喘吁吁地从屋角闪出来，跑向拴着的马匹。

二、路径融合进动词

当然，英语中也存在许多路径动词，尽管不是路径表达的主导方式。

表示离开（departure）的动词有 go、abandon、depart、desert、dodge、escape、leave、recede、retire、retreat、stray，这组动词表示的意义是 [motion+departure]。abandon、desert 表示焦点离弃背景。dodge 表示逃避背景而躲向一边。escape、retreat 表

示焦点为了自由或避免危险而逃离背景。stray 表示走失、迷路。go、depart、leave 仅表示焦点的离开，不包含其他的意义。

arise、ascend、rise、mount 表示的路径意义是 [motion+up/onto]。arise、ascend、rise 表示相对于地面的向上运动。mount 除了表示上升，还可以表示登上。

arrive、alight、come、reach 表示的路径意义是 [motion+arrival]，这组词表示运动物体到达终点，表示运动的结束。

cross、pass、traverse 表示的路径意义是 [motion+traversal]。

back、return、recoil 表示的路径意义是 [motion+backwards]，advance 表示的路径意义是 [motion+forwards]。

enter、penetrate 表示的路径意义是 [motion+into]。

exit 表示的路径意义是 [motion+out of]。

scatter 表示的路径意义是 [motion+multiple directions]。

follow、chase 表示 [motion+after]。

Langacker 认为，用不同的语法形式表征路径概念是由不同的认知方式造成的。动词体现过程，时间如影随形，与其密不可分，其他词类，如介词、副词和形容词体现的语义不受时间影响。英语对路径的表达有两种方式，一种是动词，另一种是介词，根据 Langacker 的解释，因为其对路径的感知方式不同，前者是顺序扫描，把路径概念化为一个循序渐进的过程，后者称为整体扫描，将路径作为一个超越时间的整体来感知。

第三节　汉语路径的编码形式

Talmy（2000）认为，汉语的运动结构和卫星词在词汇、语义，甚至句法上与英语完全对应。在他看来，现代汉语是一种卫星框架语言，因为它是通过动词后的卫星词来表达运动路径的。作为汉语的使用者，通过对实际语料的调查发现，在汉语中，路径成分可通过三种编码手段来实现，分别为趋向动词、动词、介词，或者是它们的组合。

一、趋向动词对路径的编码

根据 Talmy 的观点，汉语同英语一样属于卫星框架语言，路径通过动词后的卫星词来表征。汉语中的卫星词，汉语学界称之为趋向动词。

1. 趋向动词的界定

汉语的趋向动词不同于英语的卫星词，汉语的趋向动词比较特殊，具有独特的语法特点和语法意义。它具有动词的基本特征：能做谓语、能带处所宾语、不受程度副词修饰等，但又不完全等同于其他动词。经过历史的演变和语法化过程，趋向动词已虚化，可以黏附在其他动词之后，构成动结式短语（动趋式），表示动作移动的趋势这类独特的语义。单音节趋向动词都可以和指示动词连用，构成复合趋向动词。趋向动词是汉语语法学界公认的集合，它是一个可以穷尽的封闭类。趋向动词是一个具有多重语法意义的集合，在此，我们只取它们的趋向义。复合趋向动词，比如，上来、下去等，一般由两个语素构成，前一语素表示动作的方向，后一语素指明方向与立足点或某一处所的关系。

趋向动词有简单趋向动词和复合趋向动词两种。根据研究的目的和需求，不同学者对"趋向动词"的范围界定各不相同。目前各家都一致认可的有表 4.1 中的这些趋向动词：

表 4.1　目前一致认可的趋向动词

	上	下	进	出	过	回	起
来	上来	下来	进来	出来	过来	回来	起来
去	上去	下去	进去	出去	过去	回去	?起去

除此之外，范继淹、刘月华把"开""到""拢"划入单音节组，而王力（1943）不把它们算在内。

从表4.1中可以看出，按音节多少，趋向动词可分为单音节趋向动词和双音节趋向动词，其中单音节趋向动词"来/去"附着在其他单音节趋向动词后，构成双音节趋向动词，并且形成了较为完美的对称系列。不过有一个明显的例外，我们通常不说"起去"。"起来"成立，这是因为"起来"中的"来"语义弱化，只表示离开某附着物向上位移，不具备说话人由远而近地位移。

孙旭武用语义特征分析法研究"趋向动词"的语义所指，他认为表趋向的趋向动词，其语义特征为：[+位移][+方向][±立足点]（±表示有立足点但位置不确定）。

（1）来、去 =[+位移][+方向][+立足点]

（2）其他单音节趋向动词 =[+位移][+方向][-立足点]

（3）复合趋向动词 =[+位移][+方向][+来或去]

通过观察大量的语料发现，相对于英语来讲，汉语中的指示路径动词使用特别广泛。汉语描写运动事件时，往往要确立一个立足点。这反映出汉语使用者和英语使用者对运动事件识解方式的完全不同。

2. 对指示词"来""去"的认知解读

"来""去"在对路径的概念化过程中起着锚点的作用。"来/去"表达的路径方向相对，这两个对立概念的形成不能仅由焦点与背景之间的关系来决定，而需要观察者的介入。较早人们认为，"来""去"以说话人的位置为立足点，朝着说话人所在的方向运动，是"来"，背离说话人所在地方，表示"去"，但是此观点不能解释所有的语言现象。比如，

a. 猴子从树上掉下来。

b. 猴子从树上掉下去。

同一动作行为，为什么 a 句用了"来"，而 b 句用了"去"，方向相反。为了解决这一问题，居红（1992）认为，不能狭隘地理解说话人的位置，位置既可指客观地理位置，也可指抽象的主观心理位置。如果没有特定的语境，选择用"来"还是用"去"，说话人在一定程度上有很大的灵活性。

齐沪扬对此有比较深入的研究，提出了"主观参照理论"，并根据不同的位置关系，将参照位置细分为显性参照位置／隐性参照位置、当前位置／遥远位置、实在位置／虚拟位置。"来"具有很强的主观性，而造成这种主观性的原因就在于人类在认知上总是倾向于以自我为感知中心。马庆株（1997）认为，说话人主观上觉得是否可以看到或者感觉到决定了对"来／去"的选择。孙西瑾（2007）提出了话语的"第二主体平面"和"第一主体平面"的观点。"第一主体平面"指说话人描述实际的动作，指这个动作同说话人的位置关系，其作用是说话人变换了思维角度，对话语赋予了一种主观属性。"来／去"在"第二主体平面"表示的不是实际的动作本身，而是说话人主观赋予空间的一种特殊性质。说话人在想象中将自己放在同动作有关的某个位置，来对动作的实际方向做某种评价。例如，"他走进屋来（去）"和"他走进屋"描述的是同一现实场景，只是由于说话人一方面描述实际的动作（第一主体平面），另一方面评价这个动作同自己

的位置关系(第二主体平面),才有"来/去"的区别。这说明参考点具有"虚拟性"和"主观性"特点,这样的解释在一定程度上有说服力。说汉语的人往往从第二主体平面描述一种运动,把自己放在同这种运动有关的某个位置上,体现了一定的主观性。但主观因素受制于客观因素,这些客观因素既包括语言因素,也包括非语言因素。其余趋向动词不具备"来、去"这种在第二主体平面选择参考点的特殊性质。

下面是包含"来"和"去"的一些例句:

a.才站一会儿,就看见从门口走来一个和我一样举着纸板、背着画夹的人。

b.他看见我,就走过来说:"老弟呀,你没搞错吧,这儿可是我的地盘哟。"

c.为了这个梦,我们跑到北京来,自己租房,四处活动。

d.为了消灭老鼠,探险队运来四只家猫。

e.它们都在晚上偷偷地爬出来,凭借刺吸式的口器嗜吸人血。

f.有一次他从高处摔下来,昏迷不醒,被送进医院。

3.对单音节趋向动词的解读

汉语的趋向动词属于封闭范畴,这也是 Talmy 把这类词称作卫星词的原因。汉语中的单音节趋向动词有上、下、进、出、回、过、起、开、走、散、拢等。这类趋向动词对多种路径成分进行了编码,表现了相对于一定的背景,物体在空间上的位置变化,可以从参照点与凸显这两种识解方式探讨这些趋向动词的概念化过程。"上""下""起"是对垂直方向的概念化。"上""起"背离地心引力,"下"是顺应地心引力。通过分析大量的语料发现,可以用凸显观对"上"与"起"的概念化进行区分,即凸显源点还是目标。"起"凸显的是源点,目标不明确,因此,"起"

后面往往缺少表示目标的宾语。例如：

a. 她就小心翼翼地把纱巾撩起一点，再把小勺子送进去。

b. 但我却爬起来一瘸一拐地往北京城的方向走去。

"上"凸显目标，即注意域。因此，"上"的绝大部分用法都带有目标宾语，或隐含的目标宾语。即便没有明确的标志，但从语境上判断，也十分明确说话人所在地。例如：

a. 小猴子很快就爬上了树。

b. 我一看势头不妙，撒腿就逃。一个警察追了上来。

"进"和"出"表达的空间位移概念突出背景的几何特征。"进""出""到""过"都是内在参照框架下的概念化。在内在参照框架中，空间关系的概念化往往受背景的几何特征影响。特别是英语介词"at""on""in"它们之间的区别在于对背景的几何特征的凸显度不同，分别为点、面、体。这是英语对路径编码的一个显著特征。汉语趋向动词"进/出"的概念化凸显背景的有界性，背景的几何特征对其影响很大。背景被概念化为二维平面，也可以被概念化为一个三维物体。但人们对物体维度的概念化具有很强的主观性，凸显度会有差异，往往人们在识解时会凸显物体的某一部分及其特征，另一部分则受到淡化，甚至被舍弃。因此对同一个三维物体，由于识解方式不同，可能会概念化为点、线、面、体四种不同的概念。对一个二维平面的概念化，可以忽略其边界，也可以凸显其边界。"进/出"两个对立概念产生的典型背景几何特征是三维物体，从外向内运动表达"进"，从内向外运动表达"出"。"进"的背景也可以是二维平面，但突出的是背景物体几何特征的有界性，比如"走进大草原""走进沙漠"等。"上"的背景也可以是二维平面，但凸显的是其作为平面的支撑作用。例如：

我也加快脚步挤上地铁,在地铁站下车后我找到了一处人比较多的地方坐了下来。

"过"也是内在参照框架下的概念化,相对于"进"和"出"的概念化,"过"的背景相当复杂,其几何特征既可以是点,又可以是面和体。基于背景的复杂性,"过"所表达的图形与背景的具体空间关系也相当复杂。"过"所表达的趋向概念,在具体的语境中有着不同的识解。"过"表示"经过某一空间",这是一个比较抽象的概念,它所描写的图形与背景的具体关系非常复杂。我们可以将相关例句大致分成以下几组:

a. 指挥部队与敌人激战三个昼夜,掩护中央纵队和后卫部队安全渡过湘江。

我参加了火炬接力,而且是最后一棒,从颐和园湖心岛跑过十七孔桥。

b. 游人乘上火车通过隧道可直抵少女峰的一个山口。

向东穿过马六甲海峡,可进入太平洋。

血液通过毛细血管再流回到微静脉中,进入较大的静脉。

c. 刚到北京时虽然路过那儿,但我只是隔着车窗雾里看花。

一天下午我正好路过市中心广场,被一个星探相中了。

每天去歌舞厅唱歌,都要骑车经过梅地亚中心。

d. 一块巨石从山坡上滚落下来,越过山下的公路,掉到悬崖下面。

它像一把寒光逼人的利剑,划过深邃的夜空,使满天星斗为之失色。

不仅能攀登瀑布、水坝,甚至还能爬过潮湿的巨石。

e. 轮船驶过桥下。

f. 尼尔喜欢穿过你,而姚明则喜欢绕过你。

向西绕过非洲南端的好望角,可达大西洋。

在这几组句子中,焦点与背景所凸显的几何特征不一样,它们之间所呈现的位置关系也不一样。a 组句子展现的是二维平面关系,背景是一个平面,焦点位于平面上;b 组句子展现的是三维立体关系,背景是三维立体,焦点在背景的内部空间移动;c、d、e 组各句表现为焦点和背景分离,焦点从背景的旁边或其上方、下方经过。f 组句子为焦点绕着背景移动。从对背景几何特征的凸显来看,a、d、e 组凸显的是背景的二维平面性,b、f 组突显的是背景的三维立体性,c 组中背景被概念化成了一个一维的点。"过"所概念化的这些不同的空间关系在英语中分别用不同的介词来表达: a 组用 across, b 组用 through, c 组用 past, d 组用 over, e 组用 under, f 组用 around。这反映出英语和汉语思维方式的差异。汉语擅长使用概括词,在其前加上一个表示区别特征的词语来命名。

从上述具体空间场景中可以抽象出以下两个共同要素:第一,背景既不是起点也不是终点,而是位于起点与终点之间的一个有界的物体或场所;第二,凸显与背景相关的那一部分路径,即凸显图形从背景的一端向另一端之外移动,不涉及移动的方向,但强调图形越过背景的相关边界。路径与背景的关系包括路径位于背景之上或其内部空间,也可能是在背景之外。

"回"的概念化涉及两个运动事件,第一个运动事件是焦点离开起点到达终点,第二个运动事件是该焦点以所到达的地点(或位置)为起点重新回到原来的起点。"回"凸显的是后一个运动事件,前一个运动事件的存在为"回"的概念化提供了参照,是"回"的基本概念产生的关键,也是"回"与"来""去""到"等其他凸显目标的趋向动词的根本区别之所在。第一个运动事件往往不在语言中表达出来,但它在我们的理解中是存在的。如"回上海"所隐含的前提是上海是前一个移动事件的起点。经过考察,我们发现前一个运动事件既可能是客观存在的,也可能只存在于我们的观念中。例如:

a. 英装甲部队进入庞得后,即被敌军在斯维当截断后路,英军仓皇撤回普罗美。

b. 趁敌人吃饭时送进办公室,将地图偷出,星夜跑回平满纳。

c. 九日,惠通桥东岸之敌被击回西岸。

"回"在以上例句中均充当补语,相当于Talmy所讲的卫星词。此外,"回"也可以充当路径动词。例如:

a. 当我回到家,关上门,一切就都被关在了门外。

b. 我不想让其他队友觉得难堪,便回巴士去了。

c. 1926年夏天,朱德回国,奉党中央之命,从事革命活动。

以上趋向动词后面可以跟"来""去",组成复合趋向动词。它们从环境与观察主体两个方面对一个运动进行描述。比如"上来",是指由下而上地朝着说话人方向的位移,"上去"是由下而上地背离说话人方向的位移。因此,复合趋向动词可以从与环境的关系和与观察主体的关系两个方面对空间运动方向进行概念化。

"开""散"和"拢"的基本意义指物体自身结构与形状的变化,即其构成成分之间的分离、分散等,它们所概念化的空间关系是物体本身组成成分之间的空间变化。对"开"的空间关系进行概念化,以物体自身为背景,不需要其他物体作为参照。对"开"的概念化,我们关注的不是焦点运动的路径、方向、起点等,而是焦点的变化状态,即焦点作为整体在结构和形状上的变化。

例如：

a. 将敌人的数团、数营分割开来，然后各个歼灭之。

b. 房东只好打开我的房门，将我的行李通通卖给了收废品的。

c. 他把沙发表面的蒙布掀开，把里面的弹簧全部拆下来。

d. 地球上的观测者可以看到有流星从狮子座附近不断出现并辐射开来。

e. 这说明几块大陆曾经连在一起，后来才逐渐分开。

f. 南昌起义的队伍在南下途中失败，队伍多被打散。

从上述语料我们可以看出，这些词具有一些共同的特点：第一，除去"拢"，其他的趋向动词都可以作为独立动词出现在句子中。第二，除了"到"和"拢"，其他的趋向动词后面都可以跟指示路径动词。第三，趋向动词和指示动词合并，可直接用作路径动词，也可以和其他的动词连用。

二、动词对路径的编码

除了趋向动词，汉语中还有一些动词不但表示运动概念，而且包含了运动的路径。如果一个动词编码了运动和路径两个语义成分，我们称之为路径动词，这些动词的意义包含了对路径的描述。下面我们列举一些经常用到的动词及其编码的路径成分。

（1）表示上、下路径的有：升、升腾、上升、降、下降、降落、掉、滴落、坠落、坠、滴、沉、沉没。

a. 参、商两星相距遥远，这颗升上来，那颗就落下去，永远不得相见。

b. 隆冬的清晨，薄雾轻笼，集市炊烟升腾，油香扑鼻。

c. 热而轻的空气夹带着大量烟尘缓慢上升。

d. 它衔着树枝飞呀飞，累了就降到海面上，栖在树枝上休息。

e. 幸好这时河水水位下降，箩筐被搁在浅滩上，两个婴儿没有被淹死。

f. 那台助推器燃烧完毕，自动脱落，并打开降落伞降落。

g. 吴强先是掉到一棵树上，然后掉到地上，否则，那天真的没命了。

h. 泪水不知不觉从眼睛里滚出来，顺着我的脸一直滴落到月饼上。

i. 后来，得知林彪的飞机在蒙古温都尔汗坠落，机毁人亡。

j. 燃料箱同时被抛弃，坠入大气层烧毁。

k. 漏壶内则始终注满水，水滴入接水壶，接水越多，标尺浮得越高。

l. 看看太阳已缓缓西沉，我感叹时间在这个时候过得好快。

m. 一艘悬挂柬埔寨国旗的货船 13 日在博斯普鲁斯海峡附近沉没。

（2）表示前后路径的有：进、前进、退、后退、倒。

a. 朱德坚决拥护这一方针。会后，率部北进。

b. 我军沉着坚守，并以火烧森林阻敌前进。

c. 敌进我退，敌驻我扰，敌疲我打，敌退我追。

d. 贺龙率领剩下的人退入湘西，经过整顿后继续坚持武装斗争。

e. 吃掉一路，其余各路相继后退，朱德果断决策，乘胜进击。

f. 她上了车，关上门，我倒车。

（3）表示到达的有：到达、抵达。

a. 1928 年 12 月，率红五军主力到达井冈山，同朱德、毛泽东领导的红四军会师。

b. 我终于抵达了心中向往已久的北京。

（4）表示离开的有：离开、撤离。

a. 一只脚穿着拖鞋，这样一拐一拐地离开了那家地下招待所。

b. 州民防部门出动人力，已帮助 1 200 多人撤离了家园。

这些动词与趋向动词明显不同，它们不能直接与指示动词连用，但后面可以跟一个非指示性趋向动词，再跟一个指示性趋向动词。

在汉语口语中，几乎没有动词仅仅表示运动，它往往与路径、方式和其他的概念成分融合。

总之，汉语路径动词的组合模式有以下几种方式：

方式动词+非指示性路径动词；方式动词+指示性路径动词；方式动词+非指示性路径动词+指示性路径动词。这三种模式都涉及方式动词，方式动词后面的路径动词传统上被称为趋向动词。

趋向动词本身也可单独做谓语，这样的模式有以下几种：

非指示性路径动词；指示性路径动词；非指示性路径动词+指示性路径动词；指示性路径动词+非指示性路径动词；非指示性路径动词+非指示性路径动词；非指示性路径动词+非指示性路径动词+指示性路径动词。

三、介词对路径的编码

英语路径的编码形式典型地通过介词和副词。汉语中有数量有限的介词可以用来对路径进行编码，这些介词普遍能够表达路径的矢量特征。可分为三类：

（1）表示目标：向、往、朝等。

（2）表示来源：从、打、自、由等。

（3）表示穿越：经（过）、沿（着）、顺（着）、绕等。经（过）把背景概念化为点，沿（着）、顺（着）把背景概念化为两维的线。

路径介词不能表达背景的结构特征和路径的内在方向,如果要表达此信息,需要用一个介词和方位名词。例如:

他走出教室。

"出"传递的背景信息是"外面"和"体"。如果用介词表达,就需要用"向",后面跟方为名词"外"。例如:

他向教室外走去。

当然,这两句话在交际功能和体方面存在差异。"出"表示有界路径,表达的是运动的终结。介词表示无界路径,表达的是运动的非终结。汉语中有一套对称的方位名词表达方位关系,包括上、下、里、外、前、后、左、右、中、内、间、旁、内、东、西、南、北。

这些介词与方位名词连用形成表示趋向的介词短语,用来表达路径。例如:

a. 朱德被任命为第九军副军长,率军撤出南昌向广东进发。

b. 乘敌人惊慌逃向成都方向时,抓住战机一举歼敌八万余。

c. 如果我们坐过飞往美国的航班,那么我们会发现,中国飞往美国的航班是要在北极上空绕一圈的。

d. 1940年,朱德从前线返回延安,此时,华北敌后抗日根据地已初具规模。

e. 打那一出来之后,就是前门大街一条龙儿。

f. 他们都是来自贫穷的乡村,都了解中国社会实际,都是为民众而战。

g. 溥仪就由北京,后来跑到日本使馆,由日本使馆,又跑到天津日租界去。

h. 周恩来离开上海,坐船经广东省的汕头、大埔,转到福建永定继续航行。

i. 经过中亚和阿富汗、巴基斯坦，用了四年多时间，终于到达了古印度。

j. 我扔了烟蒂，站起来拖起箱子，沿着大街向不远处一个公交站牌走去。

k. 1933年8月，日本侵略军占领平津之后，沿平汉、平绥、津浦铁路长驱直入。

l. 秋季，顺长江逆流而上，直至长江上游的金沙江一带产卵繁殖。

m. 根据周恩来的指示，贺龙等绕道香港去上海寻找党中央。

n. 一路上汽车绕着山路蜿蜒前行，车行1个多小时之后，又爬上了一道高高的山坡。

汉语里的介词，不像英语介词那么纯粹，大多数没有完全虚化，带有部分动词的特征。由此可见，汉语中动词对路径含义的表达起了决定性的作用。在连续性运动事件中，两种语言的途径编码方式也不尽相同。

四、英语、汉语路径编码的异同

1. 英语、汉语路径编码的相同点

英语路径主要通过卫星词表达，也有部分动词融合了路径成分，但不是主流方式。就像Talmy所言，汉语也是通过卫星词表达路径，这里的卫星词指汉语中的趋向动词。除了趋向动词，汉语也可以用一般动词编码路径。这是英语和汉语编码路径时表现出来的相同点。

2. 英语、汉语路径编码的不同点

（1）英语和汉语的卫星词有着本质的不同。

英语中的卫星词不能充当动词，不能在句子中做谓语。而汉语中的卫星词，本身可以充当路径动词，可在句子中做谓语。

（2）在表达连续性路径时，英语和汉语的编码形式不同。

在英语中，卫星词可以叠加，但在汉语中，卫星词不能叠加。通过观察大量的语料发现，如果要表达连续性路径，英语中的卫星词可以叠加，比如：

a. She turned away and started back toward the house across the rough fields.

她掉转身，穿过高低不平的田野朝屋子走去。

b. Scarlett turned and tiptoed through the silent hall into the dinning room to get the brandy bottle.

斯卡利特转过身踮着脚尖穿过静悄悄的大厅进餐室拿白兰地酒瓶。

c. She traced its course as it ran down the hill to the sluggish Flint River，through the tangled swampy bottoms and up the next hill to Twelve Oaks where Ashley lived.

她顺着这条路走下去，走到缓缓流淌的弗林特河，穿过乱糟糟的泥泞的河床，翻过第二座山，到达十二橡树，阿希里就住在那儿。

从上面的翻译可以看出，英语中的卫星词翻译成汉语时，要用不同的动词短语表达连续的路径。

在汉语中，趋向动词可以与方式动词自由组合，表示运动方向和路径。一般来讲，汉语只允许非指示词与指示词叠加，而非指示词和非指示词的叠加是不允许的。要表达连续的路径，汉语中趋向动词不能叠加，而是要在趋向动词前面加不同的动词。

（3）在描写路径方向时，汉语中大量使用指示词。

汉语中指示词的大量使用，表明了汉语和英语在描述运动方向时，英语以内在参照框架为主，而汉语以相对参照框架为主，反映了汉语和英语文化及思维方式的不同。国学大师钱穆先生曾精辟地指出："中国文化以人文为中心，以人生为本位，最富人文意识，最重人文精神，中国文化本质上是一种人本文化。"这种人本文化的长期积淀，形成了汉民族主体性的思维方式。西方文化是客体性思维方式，偏重于观察和研究自然客体，把客观世界作为观察、分析、推理和研究的中心。讲汉语者常以人为思维中心，而讲英语者则更多关注客体。英语和汉语对运动事件的描述突出表现了这两种思维方式的差异。在语言表达上明显的标志就是汉语描述运动事件的过程中，更多地涉及观察者的视角，因而指示词运用得特别广泛。

这一发现具有重要的意义，验证了语言与思维的关系。语言是思维的主要工具，是思维方式的构成要素。思维以一定的方式体现出来，表现于某种语言形式之中。思维方式的差异，正是造成语言差异的一个重要原因。语言的使用体现思维的选择和创造。语言与思维的关系是语言哲学中的重要课题，威廉·洪堡特及美国人类学家、语言学家萨丕尔和他的学生沃尔夫是这方面研究的集大成者。洪堡特认为语言是一种世界观，他认为："每一种语言里都包含着一种世界观，人从自身中造出语言，而通过同一种行为他也把自己束缚在语言之中；每一种语言在它所隶属的民族周围设下一个圈子，人只有同时跨进另一种语言的圈子，才有可能从原先的圈子里走出来。"所以，学会一种外语或许意味着在迄今为止的世界观领域里赢得一个新的出发点（洪堡特，1988）。萨丕尔和沃尔夫继承并发展了洪堡特的理论，提出了著名的"沃尔夫-萨丕尔假说"。他们认为操不同语言者对世界的切分不同，有不同的体验和观察方式，因而思维活动方式也存在差异。思维要借助语言来实现。语音或字形是语言的物质外壳，词汇是建筑材料，语言以语法为结构规律而构成体系。不同的语法结构体现了人类思维逻辑规则的不同。不同的语言各有不同的语法，从而各种语言之间的差异会影响到使用这些语言的人的思维方式。

第四节　小结

路径是个复合概念，由五个概念成分构成：矢量（vector）、构型（conformation）、方向（direction）、维度（dimention）和视角（perspective）。每一个概念又可以细分成不同的成分。这一框架的基本内容可以总结如下：

矢量：终点、起点、穿越。

构型：里面或外面、表面、旁边、上面或下面。

方向：垂直方向（上或下）、平行方向（前或后）、面对（前面、后面或旁边）、回、合拢、分散。

维度：零维度、一维、二维、三维。

视角：基本视角（基点、注意域）。

　　　　指示（来或去）。

下面我们用一个例句阐明汉语对路径的表征，作为对这一章的一个总结。

跳水运动员从跳板上掉进水里去了。

矢量：起点　终点

构型：内部

方向：下

维度：体

视角：基点　注意域　去

　　从上面的句子我们可以观察到三点：首先，汉语中的路径成分至少可以用三种形式来表示：趋向动词、介词和一般动词。其次，同一形式可以表示一个或一个以上的路径成分。趋向动词"去"只表示视角"去"，介词"从"融合了矢量和基点两个路径成分，"进"融合了四个认知范畴：矢量、构型、维度和视角。动词"掉"包含运动和方向两个概念。最后，人对事物的认知具有凸显性，有的部分凸显度高，有的部分凸显度低，这与认知主体的视角或注意力有关。"来"凸显的是终点；"去"反映的运动事件以起点或经过点为导向，通常凸显起点或经过点，它们都是位移体空间运动的参照点。

　　焦点与背景的概念化和形式表征存在着一对一的关系。运动、路径和方式的语言表征形式比焦点与背景的表征要复杂得多。一方面，在对路径、运动和方式进行编码时，通常会发生语义融合，路径和运动或者方式和运动，融合在一个单词中。另一方面，同一语义成分也可以用不同的语言成分来表达。路径在西班牙语中通过动词来表征，在英语中通过卫星词来表征。

第五章　英语运动方式动词的语义概念特征

到目前为止，我们解读了运动的四个内在成分，即焦点、背景、路径、运动。除了这四种概念，对运动事件进行识解时，还要经常涉及另外一个外在的概念——方式。根据 Talmy 的论述，像英语和汉语这样的卫星框架语言，方式常常融合于句子的主要动词中。而像西班牙语这样的动词框架语言，方式常常通过动词的附加成分表示。

在卫星框架语言和动词框架语言中，形式和意义的映射方式影响方式动词的词汇化（Slobin，1997，2000）。与动词框架语言，如 Spanish、Italian、French 相比，卫星框架语言，如 English、German、Russian，有各种各样的词语描述运动方式，多达 100 多个（Slobin，2003）。

英语中有许多方式动词，它们在运动方式、速度等方面有着细微的差别（Slobin，2006）。动词框架语言通常用其他的方式，如 ideophones（Schaefer，2002）或 mimetics（Sugiyama，2005）表征运动方式。属于同一语言类型的语言，运动方式动词之间也存在细微的区别。比如，英语中没有与德语 stapfen、trampeln、stampfen 对应的词语，这些词语表达坚定或沉重的步伐。同样，德语中也没有与英语 scurry、scuttle、scramble 对等的词语，这些动词表达了不同的运动速度。以上研究表明，每一种语言在描述细微的概念特征时存在着不同程度的差异。

为了描述运动方式动词，Slobin 曾提出每一种语言有两层（two-tier）词汇描述方式。第一层包括最普遍、最基本的动词，如 walk、fly、jump、climb 等。第二层包括富有表情的、独特的动词，如 dash、swoop、scramble 等。尽管所有的语言都有第一层方式动词，但 Slobin 认为，卫星框架语言的第二层方式动词有更加细微的区别性特征。本章主要探究包含在汉语运动方式动词中的概念信息，找出英语和汉语在这方面存在的不同。

Talmy 的论述为我们描写运动方式提供了一个基本的框架。但是，他仅凭有限的语料就得出这样的结论，值得怀疑。方式是一个复杂的概念，它包含多种语义成分。英语运动方式动词是否和汉语完全对等？英语中运动方式动词包含哪些概念成分？不同的语言中，运动方式动词是否共享一些主要的特征、是否有一些不被共享的独特特征？

本章主要研究英语中表示运动方式的动词包含哪些类型的语义概念，并将其作为英语和汉语对比的基础，最终目的是研究英语、汉语运动方式动词的词汇化模式存在的不同。

第一节　"方式"概念的界定

一、"方式"研究述评

在以往的文献中，人们从不同的角度对运动动词进行了研究：作格动词（Levin & Rappaport, 1995）、跨语言词汇化模式（Talmy, 1985, 2000; Slobin, 2004）。在这些研究中，对方式的描述是建立在直觉的基础上的。Saeed 认为方式就是物体运动的形式。Talmy 认为方式是运动物体表现出来的一种附加特征，是运动和副事件之间表现出来的一种关系。Slobin 认为方式是词汇化于动词中的一个概念（Slobin，2004）。对于运动方式动词的定义，人们意见不一。下面我们首先对比 Talmy 和 Slobin 的定义，然后讨论几位学者（Narasimhan，2003；Pource，2005）的后续研究，最后指出有些方式动词并不是真正的运动方式动词。

1.Talmy 对方式的研究

Talmy 通过研究发现，语言描述运动事件的方式不同，比如，一个动词除了表达运动外，还可以传达另外的信息（路径或方式）。这种现象被称为词汇化模式，即意义成分与表层语法形式之间存在对应关系。

对运动事件的研究表明，在英语中，动词合并了方式和运动两种意义成分，而在西班牙语中，动词包含的是路径和运动两种意义成分。运动动词可分为以下三种类型：方式、运动或焦点，可以表示如下：

a. The bottle floated into the cave.[方式 + 运动]

b. La botella entro la cueva flotando.[路径 + 运动]

（The bottle entered the cave floating.）

c. It rained in through the bedroom window.[焦点 + 运动]

（Talmy，2000）

a 句中，动词 float 合并了运动和方式，而在 b 句西班牙语中动词 entro 合并了运动和路径，运动方式通过动名词来表现。第三种类型动词 rain 包含了运动和焦点，这种类型在北加利福尼亚的语言 Hokan 中表现得最为典型。英语中确实有几个动词属于这类范畴，但是非常边缘化。

Talmy 在其著作中对方式是这样定义的："方式是指伴随着主要的行为和状态，行为人所表现出来的辅助行为和状态。"

在大部分印欧语言中，方式通常融合进动词中。就像在英语句子"The balloon floated into the church."中，float 的意思是"move, floating in the process"。在 Nez Perce 中，有二十多个表示方式的前缀卫星词，方式不通过曲折形式表达。（Talmy，2000）

被广泛引用的运动方式动词有 walk/run/drive/sail/fly/roll/slide. Talmy 引用的一些例句似乎使方式的含义更为混乱。

I ran/limped/jumped/stumbled/rushed/groped my way down the stairs.

She wore a green dress to the party.

动词 grope 本身并不能表达位移概念，而是它所构成的 way 构式表达了此含义。同样，动词 wear 与表达的运动事件是一种伴随关系，而 Talmy（2000）把它列为表示方式关系的一类。

Nez Perce 是北美的一种综合语，这种语言用前缀表示方式，这为我们对方式进行界定提供了另一种线索（Talmy，2000）。

Nez Perce	English
?ipsqi-	walking
wile-	running
wat-	wading
siwi-	swimming-on-surface
tuke-	swimming-within-liquid
we.-	flying
tu.ke-	using a cane
ceptulte-	crawling
tulweme-	（snake）slithering

wu.l-	(animal) walking (human) riding (on animal at a walk)
ququ-	(animal) galloping / (human) galloping (on animal)
tiqe-	(heavier object) floating-by-updraft/wafting/gliding
?iye-	(lighter object) floating-by-intrinsic-buoyancy
wis-	traveling with one's belongings
kipi-	tracking
tiwek-	pursing someone (someone: D.O.)
cu.-	(plurality) in single file
til-	on the war path/to fight
qisim-	in anger

上面的例子不但包括各种运动方式动词（比如，run、wade、fly），而且包括各种伴随情况（concomitance）（比如，affects—"in anger"和activity—"on the war path"）、工具的使用（using a cane）、运输类动词（traveling with one's belongings）和动作关联动词（比如，pursing someone or tracking）。各种各样的方式类型的存在使得确定方式所包含的概念成分非常困难。到目前为止，区分方式（manner）与伴随情况（concomitance）的标准还没有确定。如果用Talmy对方式的界定作为运动方式动词进行跨语言对比的基础还不够充分。

2. Slobin对方式的研究

在Talmy类型学研究的基础上，Slobin（1996）比较了卫星框架语言——英语和动词框架语言——西班牙语的话语风格。他的研究表明，对于把英语翻译成西班牙语的译者来说，最大的难题是如何处理英语原文中包含在动词中的方式信息，因为西班牙语中位移动词的主要词汇化模式是路径模式，运动方式往往被忽略。Slobin 发现，译者所采取的措施是，通过添加状语来表达英语原文包含在动词中的信息，或者忽略原文动词中表示方式的信息。

Slobin（2000，2003）扩展了前人对运动方式动词的概念成分的研究，他把方式分解为七个语义成分，如下：

Rapid motion: bolt, burst, dart, plunge, race, run, rush, scramble, skitter, sprint.

Leisurely motion: drift, loiter, stroll, wander.

Smooth motion: brush, glide, slide, slip.

Obstructed motion: stumble, trip.

Furtive motion: crawl, creen, sneak.

Manners of walking: march, plod, step, stride, tiptoe, tramp, walk.

Manner of jumping: jump, hop, leap, spring.

以上分类初步确定了方式涵盖的范围，但方式仍是一个模糊的概念。后来，Slobin（2004）提出："方式涵盖一套轮廓不很清晰的维度，以此来调节运动。这些维度包括：运动模式（motor pattern）、速度（rate）、节奏（rhythm）、举止（posture）、情感（affect）和评估（evaluative）因素。"在近来的一篇论文中，Slobin（2006）又添加了其他的维度和例子。

"'manner' is a cover term for a number of dimensions, including motor program (e.g., hop, jump, skip), often combined with rate of motion (e.g., walk, run, sprint) or force dynamics (e.g., step, tread, tramp) or attitude (e.g., amble, saunter, stroll), and sometimes encoding instrument (e.g., sled, ski, skateboard), and so forth."

Slobin 最新的定义给我们提供了研究方式的另一种角度。但是，构成方式的信息范围仍没有得到系统的阐释。

3.Narasimhan 对方式的研究

Narasimhan 宣称，运动方式动词在 Hindi 语言中很少被词汇化，她对方式的分类如下：

a. Mode involves translational motion brought about by specific types of movements of the Figural entity. e.g., amble, clamber, climb, clump, crawl, toddle, hike, hobble, limp, lope, run, slog, stroll, walk.

b. Attitude/Display expresses specific kinds of movements, but additionally implies an attitude or intention on the part of the Figural entity. e.g., slink, toddle, skulk, sneak, swagger, strut.

c. Velocity all these verbs imply speed as the main component. e.g., dart, dash, inch, rush, plummet.

d. Contact implies (lack of) friction between the Figure and the Ground. e.g., glide, slide, slither.

e. Medium encodes properties of the medium through which the Figure moves. e.g., fly, swim.

f. Vehicle. e.g., canoe, cruise, cycle, drive, row, sail.

g. Course. e.g., hover, ramble, stray, roam.

她的分类让我们对运动方式动词有了更深入的认识，但是她的研究不是集中在运动方式动词，因此对印第安语和英语的调查没有把全部的运动方式动词涵盖进去。

总之，目前尚未有一个明确的标准对运动方式动词做全面的分类。因此，很有必要确定方式包含的概念范围。

我们要想研究运动事件中的方式动词的概念成分，首先需要确定一个标准来选择一套相关的动词。位移对运动方式动词类别的界定具有重要的作用。一般情况下，人们把位移界定为物体从一个地点转移到另一个地点。通过动词本身的意义，能够推演出物体是否发生了位移。通过这种方式我们可以很好地区分位移动词和非位移动词。

在我们进一步探究这一问题之前，先探讨一下词义的语义表征，也就是哪些意义范围容易被象征性地模拟，这是很难确定的。词项的意义通常部分来自视觉信息，因为词描述的是我们真实世界的运动。Jackendoff（2002）认为动词语义的细微差别最好由凸显情态的感觉运动系统来解释，比如，walk、jog、limp、strut、shuffle之间的细微差别。类似的情况，Kemmer提供的神经成像（neuroimaging）资料证明了描写运动事件的动词如何与视觉经历相符。这两项研究都表明，来自感知的意象图示表征可能构成了动词意义的一部分。

运动方式动词的意义具有坚实的感知基础（Jackendoff，2002）本书用概念法来描写词项的语义表征，对概念结构采用语义分解的方法，研究的最终目标是探究运动方式动词由哪些概念成分构成。

第二节 研究方法和材料来源

我们先研究英语，然后再过渡到汉语。原因有两个：首先，英语被认为是方式凸显的语言，词汇中有大量的方式信息，它们仅有细微的差别（Slobin，2004）。其次，进行任何对比研究，对比的起点首先需要被认定。因为英语中表示方式的词语被分析研究得最多、最充分，把英语作为研究的起点比较合理。

本书研究的英语材料主要来自 Levin 的分类和 Slobin 对运动方式动词的收集。这两者的差异在于他们不同的研究起点。Levin 的研究基于句法：论元实现。Levin 认为，动词的句法框架反映了它们的深层语义。他收集的这些动词来源于字典和一些文学作品。Slobin 收集到的运动方式动词有多个来源，比如，口述、小说、翻译、谈话、报纸等。

表 5.1 总结了 Levin 和 Slobin 研究方法的相同点和不同点：

表 5.1 Levin 和 Slobin 研究方法的异同

	Levin（1993）	Slobin（2003，2004）
研究方法	论元实现	词汇意义
资料来源	字典、文学作品	小说、翻译、报纸等
数量	136 个动词	221 个动词
相同点	都包括肢体运动和非位移性运动动词； 都包括声音动词	
不同点	Slobin 收集的范围比 Levin 广； Slobin 把跳舞类动词和交通类动词归类为方式动词，Levin 将其归类为运动动词； Slobin 的分类中也包含出现在 way 构式中的动词	

续表

	Levin（1993）	Slobin（2003，2004）
备注	Slobin 和 Levin 的研究目的不是讨论这些动词的语义特征，因此没有对这些动词的语义特征给出结论；路径动词、及物动词排除在本书研究之外	

运动方式动词本身涉及焦点物体发生位移，比如，walk、sail、crawl 等；而有些动词，比如，dawdle、rustle 本身并不能表示物体发生位移，但可以通过与卫星词连用表达物体的移动。例如：

Did you hear something rustling through the bushes?

你听见有东西在灌木丛中窸窸窣窣地移动吗？

研究运动方式动词必须确定动词本身是指循环运动（spiral）、摆动，还是真正发生了位移。一般来讲，运动事件是指物体从一个地方移动到另一个地方，这就排除了像 waving、squatting、bending 这样的动词。那些本身没有发生位移的动词排除在研究之外。比如，徘徊类动词 hover、loiter、linger、lollygag；声音类动词 rattle、rustle、rumble；姿势类动词 slouch、hide、dawdle 等。

下面我们分析包含在每一个运动方式动词中的语义成分，一个简单的方法就是用 WordNet 3.0 查阅每一个动词的定义。例如：

scuttle /scurry /scamper/skitter：to move about or proceed hurriedly

toddle/ totter/dodder/waddle：move unsteadily

定义中的副词凸显了运动特征。hurriedly 表示物体运动的速度；unsteadily 表示物体运动的步态。

zigzag：travel along a zigzag path

The river zigzags through the countryside.

sashay: to walk with a lofty proud gait, often in an attempt to impress others

zigzag 说明了运动物体运动的路线；sashay 展现了走路的步态及一种神气的态度。

通过这种方式可以提取出运动方式动词中的语义成分，根据其不同的语义特征，把它们分成不同的小类，每一小类都彰显了各自不同的特征。例如：

ride、drive 凸显了运动的外力成分（external-force）；

swim、fly 凸显了运动的介质（medium）；

run、sprint 凸显了运动的速度（rate）；

wander、meander 凸显了运动的无目标性。

第三节 英语运动方式动词的概念特征

本节意在分析英语运动方式动词包含的各种各样的特征。通过 WordNet 3.0 查阅每一个运动方式动词的定义，进行总结归类后发现，运动方式动词至少可以包括以下几个方面的特征：

一、与动作行为相关的特征

1. 速度

这一特征是运动方式动词的普遍特征之一，它的变化值可以是快速、慢速、常速。dart、dash、inch、streak、charge、scamper、zoom、sprint 等都包含着速度信息。比如，动词 dash 与 lumber/inch 的不同在于运动方式的差异。许多动词描写一种特定的运动速度，且与特定的运动形式相关。如 jog、canter、trot、gallop 等。dash 描述的运动方式是突进、猛冲。而有些动词，并不凸显速度，比如，travel、sashay、prowl、jump、hop。当人们感觉到运动速度比正常速度快或慢时，词汇本身就能体现速度。重要的是，速度与说话人的感觉有关系。如果我们比较 walk 与 run，直觉会告诉我们，它们的不同来自运动速度和方式。常识告诉我们，跑的速度比走的速度要快。然而，在一定的情景下，走的速度可能比慢跑的速度要快。这说明，走与跑的不同主要在于运动的方式。有些英语动词与运动速度相关，同时还具有其他的特征，比如，步态或力的来源。行走的步态往往与特定的运动速度相关。比如，trudge、saunter、amble、mosey 都表示慢速运动。其他与跑相关的动词，比如，scuttle、scamper、skitter 都表示快速运动，这些动词通常与特定的主语连用，比如小动物、昆虫、小孩等。还有一类动词表示内在的方向性运动，比如，plummet、swoop、plunge、tumble 等，受引力的作用，运动方向向下。swoop 和 plunge 表示行为突然受力，产生特定的运动速度。

2. 路径

表示运动的动词，不管是方式动词还是路径动词，都涉及路径成分。路径动词狭义上被定义为位移运动动词，把运动与路径融合在一起，比如，depart、ascend、arrive、exit。相比而言，方式动词 walk、run 尽管涉及路径，但并没有体现出路径成分。请看下面一组单词：

a. crawl、hike、run、walk...

b. ramble、roam、wander、stray...

c. spin、jump、rotate...

d. meander、snake、wind、zigzag...

e. drop、fall、sink、stumble...

f. ascend、descend、arrive、depart...

g. turn、lunge、dodge...

a组中的动词表示不同的运动形式。b组中的动词表示运动的无目标性。c组中的动词表示垂直、向前或者以轴为中心的运动，这类动词表示垂直或循环运动，它们不是路径动词，而是表示一种特定的运动方式。d组表示非直线性运动路径，提供了方式信息和路径形状。e组融合了方式和路径，本身具有内在的方向性。Levin（1993）曾经列举了一类具有内在方向性的动词。比如，dive、drop、dip、sink、plummet、plunge、descend、fall等。这类动词的意义明确了运动的方向，要么表示向下的运动方向，要么表示向上的运动方向，如rise、soar。与walk、roll相对，f组中的路径动词涉及边界。g组动词表示路径方向的转变，如果没有趋向性介词短语出项，这些动词不能描述位移性运动。

3. 摩擦

运动方式的一个重要维度就是摩擦，这一维度描述的是运动物体与地面或另一个物体的接触摩擦。任何运动事件都涉及运动物体与路径或介质之间的接触。重复的接触来自特定的运动方式，比如，walk、run、jog。另外还有两种形式的接触：

持续平滑的接触：glide、slide、slither、skid、coast。

持续不平滑的接触：drag、shuffle、scuffle、shamble。

这两种描写物体与地面持续接触的类型中，持续平滑的接触指物体与路径表面的摩擦力小，另一种类型则摩擦力大。

4. 介质

运动方式的另一个主要维度是运动发生的介质，发生在陆地上的任何一个运动事件都包含有一种未指明的介质：walk、run发生的介质是空气。但下列动词词汇化了运动发生的介质，如wade、swim、ford、slosh、flow等。

5. 驱动力

运动方式还有一个主要维度是驱动力。驱动力指的是促使物体运动的力的来源，比如，来自物体本身，或者来自外界物体的帮助（车辆、工具）。cause 与 force 的概念化方式不同，force 指物体本身的一种内在力，cause 指促使物体运动的外力。除去个别情况，如 fall、sink、slip，引力在大部分描述运动事件的动词中并不明确标示。有些情况是由合力造成的，如 coast、skid。伴随性动词，如 carry、follow、chase。工具性动词，如 hitchhike、drive、ski、skate。自我驱动性动词，如 crawl、hike、run、walk、jog 等。自我保持性动词，如 bound、roll、spin、rotate 等。根据运动方式的不同，可以分为奔跑性动词，如 jog、trot、gallop、canter；跳跃性动词，如 bounce、hop、leap、skip 等；攀爬类动词，如 clamber、climb、scale 等。

二、与运动物体本身相关的特征

1. 表现行为者的神态

以下面一组句子为例：

a. Hilary strutted /swaggered/ sashayed/ pranced out of the room.

b. Hilary walked out of the room.

a 句中的动词与 b 句中的动词相比，表现出了炫耀、自信或有活力的神态。

如 strut，除了表示步态外，还描述了主语趾高气扬的神态，这两个概念往往紧密联合在一起。再如，sashay 和 stride，sashay 既表达了大步走这一概念，也表现出了一种自信、高贵的神态；stride 只表示了大步走这一概念，并不能体现出主语的神态。creep、sidle、stalk、skulk、sneak、slink 等动词表示行为者鬼鬼祟祟的神态；amble、saunter、promenade、stroll、mosey 等动词表示行为者悠闲的神情。

上述动词都表示"走"，它们的不同在于行走时所表现出来的神态有异。

2. 表示行为者行走的无目标性

wander、roam、drift、ramble、rove、meander、stray 等，这类动词的意义表达了一种无目标性的位移性运动。

3. 表示行为者的复数性质

如 troop、swarm、throng、flock、file、caravan 等。

4. 体现运动物体的线性特征

如 file、caravan 等。

5. 表示行为者轻松愉快的心情

如 frolic、gambol、cavort、romp 等。

对英语进行的这一初步研究意在作为英汉对比的起点，通过对英语中运动方式动词的研究可知，构成运动方式动词的概念成分可分为两大类：

表现动作行为的语义成分有速度、路径、摩擦、介质、驱动力等。表现行为者特征的语义成分有神态、无目标性、复数、线性、心情等。根据分析，我们可以提出两个设想：

以事件为中心的运动方式在各语言中趋于相似，而以焦点为中心的运动方式差异较大，往往因语言而异。

在英语中，这两种特征与运动一起融合进一个词项中。在汉语中，步态特征和运动物体的特征很少词汇化为一个单独的动词。

第四节　小结

本章分析了英语运动方式动词，对其进行了语义分析。从大的方面来讲，运动方式动词包含两个方面的特征：与动作有关的特征和与运动物体有关的特征。与动作有关的特征包括以下几个维度：速度、路径、摩擦、介质、驱动力等。与运动物体有关的特征包括神态、无目标性、复数、线性、心情等。运动方式动词能同时编码这两方面的信息。英语中还有一部分动词只有出现在特定的结构中才能表达运动事件，这些动词不同于运动方式动词。

第六章 汉语运动方式动词的语义概念特征及词汇化模式

第一节 研究的问题和方法

本章主要探索汉语中描述运动事件的运动方式动词的语义成分,然后与英语进行对比。目的有两个:一是探究哪些方式被编码在汉语动词中,探讨融合在运动方式动词中的语义特征。二是探究英语运动方式动词和汉语运动方式动词是否词汇化了不同的概念成分,即英语、汉语中运动方式动词的分布有何不同。

本书采用的方法是从词典中收集并分析汉语中的运动方式动词,所收集的运动方式动词主要来自《汉语字典》《汉语动词词典》《现代汉语词典》《同义词词典》。这些动词不包括静态动词(如弥漫)、严格的路径动词(进入)、使役动词(掷)、从古汉语中遗留下来的单音位黏着词("如履薄冰"中的"履")、比喻意义的动词("杀出"中的"杀")。最后得到运动方式动词521个,其中,单音位动词182个,双音位复合词238个,多音位词101个。

英语和汉语对比,存在一个问题:对比的是字还是词,汉语中的字是否与英语中的 word 对应?

一、汉语中的字与词

英语的基本单位是词,而汉语的基本单位是字,汉语中的字和英语中的 word 不能对等,有时汉语中的两个字或更多的字只构成一个词,如"蚯蚓""垃圾""蝴蝶""彳亍""巧克力""布尔什维克""英特纳雄耐尔"等。尽管它们是由两个或多个字构成,依然是单纯词。字在汉语里可有两种理解,一是指方块字,一个方块字是一个音节;二是指从语音、语义、语法角度来分析的单位。根据汉字的语法功能,可以分为四类语素:

（1）能够独立成词,并能和其他语素结合成词的语素。

（2）完全不自由的语素,只能和其他语素结合成词。

（3）一般不能独立成词,属于黏着语素,其中一部分是词根,另一部分是构词能力极强的前缀、后缀,如老、化、子等。

（4）第四类语素传统汉语语法称之为助词。

词是语言的基本单位,确定一个语言单位是不是词,关键是看该单位是不是最小的能够独立运用的语言形式。胡裕树认为词是代表一定意义、具有固定的语音形式、可以独立运用的最小结构单位。汉语词的界限有时难以划定,词作为一个单位概念不明晰,这是许多汉语学者的共识。

在古代汉语中,基本上"一个字＝一个音节＝一个词",但是随着人类社会的进步,数量有限的单音节词越来越难以准确表达词汇意义,于是从中古汉语开始,单音节词向双音节词发展,汉语出现双音化的发展趋势。两个紧邻出现的单音节词,如果高频率出现,就可能结合成一个双音单位使用,这个过程被称为"复合化",在这个漫长的演变过程中,两个相邻语素之间的边界逐渐削弱或者丧失,最后变成一个语言单位。也就是说,汉语中的双音节词有些已经词汇化为一个词,相当于英语中的 word。

"从汉语的历史来看，上古时期单音词占词汇总量的绝大多数，两周时期已经出现了一定数量的双音词，到汉魏晋时形成一个双音词产生的高峰期，双音词开始在汉语词汇系统占据重要地位。在近代汉语和现代汉语中，双音词已经无可辩驳地取得了优势。"（肖晓晖，2010）据统计，双字组合占《现代汉语词典》条目总数的 67.625%（周荐，1999）。就语言演变的整体过程来看，经历了从以单音节词为主的阶段发展为以双音节词为主的阶段，人们称之为双音化，这种双音化的演变过程也就是词汇化的过程。这些大量存在的复合结构应该列为词，对应于英语中的 word。汉语中有各种各样的复合词，比如，VV、VN、AdvV、AdjV 和多音位词。汉语中动词复合结构的能产性迫使我们注意什么是"word"，大量存在的 VV、VN 复合结构和多音位词也表明，仅仅对比汉语和英语中的单音位词是不充分的。

二、判断双音节词词汇化的标准

1. 自由词和黏着词

对于单音位词，我们要确定它是自由词还是黏着词。对于双音位词，我们要确定它们在语义上是否具有组合性，它们的内部结构是 VN 还是 VV、VV 复合结构仅仅表示运动方式还是表示方式和路径。如果 VV 复合结构中有一个黏着动词（比如，"升腾"中的"腾"），那么这个结构就被认为是词汇化了的结构，这也包括把方式和路径融合在一个动词中的单音位动词。词汇化了的复合词不同于组合性复合词。

汉语中，并不是所有的词都是自由词。其中，许多单音节词是黏着词，必须与另外一个自由词或黏着词联合使用。黏着词和自由词的区别是很模糊的，有些词在不同的场合可能是自由词，也可能是黏着词，这取决于方言和个人。古代汉语和现代汉语的界限也很难划分，来自古代汉语的动词通常不能在现代口语中充当自由词。然而，受过教育的本族语者在书面语中也使用黏着词。所以很难判断什么是自由词、什么是黏着词。

为了区分自由词和黏着词，本书采用两个标准。首先，自由词可以独立存在，而黏着词必须依附于另一个词素。比如，"跳"是自由词，而"跃"是黏着词。后者，只能出现在习语中，比如，一跃而起、跳跃。其次，如果一个词经常与几个固定的词或习语连用，那么这个词通常被认为是黏着词。根据这两条标准，我们可以判断"翱翔"的"翱"、"蹂躏"的"蹂"、"蹑手蹑脚"的"蹑"都是黏着词，不能单独使用。而"跑步"的"跑"、"走路"的"走"是自由词，可以单独使用。

2. 判断双音节复合词是否词汇化的标准

在以前的研究中，用来判断的标准是：词义是否透明，即词义是否是组成成分之和；组成成分是黏着词还是自由词；这两个成分是否可以分开，即这两个成分之间是否可以加入其他的词。

复合词的组成成分既可以是黏着词也可以是自由词，这就很难判断具有透明意义的复合词是否词汇化。为了确认复合词是否词汇化，只要达到以下任何一个标准，复合词就可以被看作词汇化。

语义的不透明性：复合词的意义不能通过组成成分推断。

黏着性：如果其中的一个词是黏着词。

频率：如果复合词出现的频率高于其中的单个动词，那么这个复合词已词汇化。

以上标准可以用来过滤非词汇化了的词。如果一个复合词包含一个黏着词或一个意义不透明的词，那么这个复合词就是一个意义不透明的复合词。比如，动词"流"和名词"浪"的合成意义并不能表达复合词"流浪"所表达的意义。"流"和"浪"都是自由词，但它的语义并不是组合而成的，而是表达了一种新的意义。同时，如果复合词由两个自由词组成，且意义具有透明性，可由组成成分推断出来，这种情况下，复合词是否词汇化取决于第三个标准，即出现的频率。

"快跑""慢跑""直奔""飞奔"这几个词乍一看语义透明，但前两个词是临时组合，没有词汇化；后两个词已词汇化，因为有一个黏着词"奔"。

汉语中还有一类复合词，动词带同源宾语，如"跑步""登山""散步"也可以被看成词汇化。

表示动宾关系的双音节复合词，意义透明，既可以是词，也可以看成短语，因为它们之间可以插入其他的词。比如"吃饭"，可以说"吃了一顿饭""吃了饭"。这类双音节词似乎有双重身份，但只要动宾结构的双音节词满足上述标准之一，就可以看作词汇化了的词。

忽略表示方式和路径的组合性多音节词和双音节词，本书主要探讨汉语的非组合性动词复合词，揭示英语和汉语运动方式动词的词汇化在多大程度上不同。词汇化了的运动方式动词包括三种类型：单音节动词、双音节动词和多音节词。

第二节　汉语运动方式动词的类别

在进行概念分析之前，先对汉语中表达运动方式的动词和词汇化了的复合词做一个大致的描述。其主要有三类范畴：单音节动词、双音节复合词和多音节词。基于双音节复合词的内部形态结构，双音节复合词又可分为三种类型：VV、Adj/（Adv）V、VN 或 AdjN。第二个动词表达路径的复合词排除在外，因为这类结构大部分是组合性的，没有词汇化。

一、单音节动词

描写运动方式的单音位动词既可以是自由词，也可以是黏着词。自由词，如走、爬、跳、游、滑、滚等。黏着词，如腾、跃、行、步等。此外，还有两个字组成的黏着词，这两个字必须同时出现才能形成一个有意义的词，两个字分开时就没有意义。比如，徜徉、蜿蜒、匍匐、徘徊等。

汉语中大约有 145 个单音位动词用来描述运动方式，除去黏着词，大约有 85 个自由词。如果仅考虑单音节动词，汉语的运动方式动词比英语少。这是因为与英语运动方式动词对应的大部分概念需要通过词汇化了的复合词或组合词来解释。如果仅仅对比单音节自由词，不足以反映汉语的全貌。因此，确定跨语言对比的范围是非常重要的。

二、双音节复合词

汉语有各种各样的双音节词，比如 VV、VN、Adj/（Adv）V。双音节词出现的频率远远高于单音节词。比如，flying 译成汉语时，可以译成简单的动词"飞"，也可以译成具有相似意义的复合词，比如，"飞行""飞翔"。

当第一个动词是方式动词时，会有不同的动词与其相组合。一般来讲，第二个动词可以是表示方式的同义词，可以是表示动作的行为词，也可以是路径动词。这样，词汇化了的复合结构有三种类型：VMVM；VMVgo；VMVP 或 VPVM。

第一种类型是意义相近的单音节词组合在一起形成的双音节复合词。比如，"攀登""攀爬""飞翔"等。第二种类型的复合词，比如，"滑行""绕行""走动""滚动"等。第三种类型的复合词中，第一个成分是副词或形容词，比如，"畅行""缓行""闲游""疾驶""狂奔"等。第二类和第三类的不同在于，第二类的第一个动词表示运动，而第三类的第一个成分仅表示方式，不表示运动。第二类复合词具有透明性和组合性，但"滑行"和"绕行"被看作词汇化，因为第二个动词是黏着词。"走动""滚动"则是组合性复合词。这些组合方式可用下面两个公式来表示：

（1）[Adj/（Adv）/Vm ＋ Vgo]。

这一公式表示：与方式相关的动词、形容词或副词与表示运动的词组合形成复合词。这类方式动词在汉语中具有能产性。

（2）VN 和 AdjN 复合词。

根据内部结构的不同，这类复合词可分为三类：运动动词＋同源宾语/方位，比如，散步、漫步、跑步、游泳、跳舞等，表示运动和方式；非运动类动词或形容词＋同源宾语，比如，缓步、阔步，这类词本身不能表示位移，只表示运动方式，与其他路径动词连用才能表达位移，因此被排除在本书研究之外；还有一类词，比如，超车、翻船，表示运动方式，但需要同源宾语同时出现。

三、多音节复合词

汉语的多音节词通常由四个字组成，大部分是从古汉语中遗留下来的。本书把这类词分成两类，第一类只表达方式，第二类既表达方式，也表达路径。下面的成语就表达了各种各样的运动方式，比如，活蹦乱跳、行色匆匆、横冲直撞、蹑手蹑脚、长途跋涉等。既表达方式，也表达路径的成语有耸入云霄、扬长而去等，在这些成语中，有些成分表示路径，有些成分表示方式，这些成分不能分开，因为成语的形式是固定的。尽管这些成语在古汉语中用作动词，但在现代汉语中往往用作状语，因此将其排除在本书研究之外。

英语和汉语在如何表达运动方式方面存在差异。在英语中，多种多样的意义可以词汇化为一个运动方式动词，但翻译成汉语时，不一定用单音节动词来表示，汉语有多种多样的方式来表示，如复合词、多音节词、特定结构等。汉语中，路径动词可以单独使用并且可以与动作融合。

第三节　英语、汉语运动方式动词比较

人们从不同的角度对运动类动词进行了研究，Slobin 提出把方式动词分为两个层次：一是日常使用的动词，如 walk、fly、climb 等，二是更具表达性和独特性的词，如 dash、swoop、scramble。Viberg（1999）提出，每个语义域至少有一个或几个核心动词，这些核心动词的意义被各种语言共享并且具有主导地位。判断核心动词的标准是：出现的频率、多义性、可出现的结构范围。Viberg（1999）提出的以频率为基础的方法可以用来定义 Slobin 提出的第一个层次的动词。基于动词出现的频率和动词多义性，本书选出了一些基本动词并抽取出融合在这些动词中的概念成分。

基于对这两个不同层次动词的分析，本书比较了汉语运动方式动词与英语运动方式动词的不同。本节主要对比单音节动词，研究在对第一个层次的运动方式动词进行编码时，英语和汉语是否存在不同。

一、相似性

两种语言中都有基本的运动方式动词,比如,walk(走)、run(跑)、rush(奔)、roll(滚)、chase(追)、lead(带)、follow(跟)、swim(游)。本书把这些基本的运动方式动词分为四类:

(1)方式。

英语:walk、run、fly、jump、swim、rush、flee、crawl、slide、flow、roll、float、climb、leak、spill、drip。

汉语:走、跑、飞、跳、游、冲/闯、逃、爬、滑、流、滚、漂、攀/爬、漏、溢、滴。

(2)MP 类型。

英语:rise、fall、sink、stumble。

汉语:升、掉、沉、倒。

(3)特定的方式类型。

英语:dance、drive。

汉语:跳舞、开车。

(4)关联类。

英语:chase、follow、lead。

汉语:追、跟、带/领。

这说明英语和汉语基本的运动方式动词具有相似性。

二、相异性

英语和汉语运动方式动词的第一个不同是,在汉语中,运动方式的细微区别需要自由词和黏着词组成复合词才能表达。比如,"逸"与另一个动词"逃"组成"逃逸","蹑"与多音节词构成"蹑手蹑脚",分别表达不同的运动方式。第二个不同是由于两种语言中都存在着词项空缺（lexical gap），汉语中用来描写行走方式的单音节动词比英语少，英语中描写运动方式的动词，如 sashay、strut、swagger 在汉语中找不到对等的词。尽管我们把单音节词作为对比的基础，但同样的概念汉语也可以通过双音节词和多音节词来表达。例如，英语动词 run 对应的汉语动词是"跑"，但也可以翻译成复合词"跑步"。汉语中有大量的 VV 复合结构表示方式和路径，但英语中不存在这种结构。词项空缺衍生出了一个问题：两种语言之间对比的是单音节词还是复合词？

总之，英语和汉语在基本的单音节运动方式动词的分布上具有相似性，但是在表示行走的步态、跳舞类动词、交通类动词等方面存在着不同。同时，汉语在表达类似的概念时有更多的选择，比如，用黏着词根或复合词来表达细微的语义差别。

三、概念成分的对比分析

本部分探讨词汇化于英语和汉语中的概念成分，目的在于发现是否存在因语言而异的特征。我们已探讨了汉语、英语两种语言中出现频率较高的运动方式动词在相关概念的词汇化方面基本类似。不同之处在于，汉语用更多的复合词和多音节词描写运动方式。

关于运动类动词，我们分离出的概念成分有：力、运动模式、介质、摩擦、速度等。每一种概念成分都与动作相融合。

1. 力

首先我们对比概念成分"力"。

位移运动都是力作用的结果，力可分为三种类型：自发力、外力、综合力。

自发力包括描写自发运动的任何施事动词，如 run、walk、

crawl，以及非施事动词，如 spin、bounce、roll 等。外力通常指通过某种工具而产生的运动，如 skate、drive、sail、cycle 等。综合力涉及力的失控、惰性、引力等，比如，coast、skid 表示力的失控，stumble 涉及两种类型的力，首先是一种自我驱动力，然后是引力。

上面这些英语单词是英语中基本的运动方式动词，在汉语中都有对应的词。但是，汉语更广泛地运用复合词表达运动方式之间细微的差别。例如，stumble 可以翻译成绊脚、绊倒、跌跌撞撞、步履蹒跚等。

力的作用与步态紧密相连，比如，tiptoe（踮着脚走；蹑手蹑脚地走）、plod（沉重、缓慢地走）。

2. 运动模式

运动模式用来描写任何自发的力，动词 run、crawl、climb、jump 在运动模式上不同于 walk。其中 run 的速度在感知和视觉上比 walk 要快，crawl 表示身体靠近地面的一种缓慢的动作。jump 表示重复的跳跃运动，既可以表示在原地跳跃，也可以表示位移运动。下面我们把这几个动词对应的汉语一一列出（表 6.1）：

表 6.1 突显运动模式的英、汉运动方式动词对比

英语	汉语	
	单音节词	复合词
walk	走、行	走路、行走、步行
run	跑、奔、逃	跑步、奔跑、逃跑
crawl	爬	爬行、匍匐
climb	爬、登、攀	攀爬、攀登、攀升
jump	跳、跃	跳跃、跳动

从上面的例子可以看出，英语中基本的运动方式动词在汉语

中都能找到对应的单音节词。但是，汉语具有自身的语言特点，复合词运用得更为广泛。

3. 介质

运动事件的发生都要通过一定的介质，比如，动词 run、jump 等动作发生的介质是空气，而 swim、wade 等动作发生的介质是水。英语中有些动词如 drift（漂；漂流；漂泊）、paddle（涉水、玩水）、ford（涉水）突出了运动发生的介质，汉语中也有相应的运动方式动词突显了运动发生的介质（表 6.2）。

表 6.2 突显运动发生的介质的英、汉运动方式动词对比

英语	汉语	
	单音节词	复合词
swim	游	游泳、游水
flow	流	流淌
drift	漂	漂流、漂移、漂泊

英语和汉语都有高频率的单音节词表示运动发生的介质，但汉语中有更多的复合词表达同样的意义。英语中的 ford 和 wade 在汉语中找不到对等的单音节词，但汉语可以用复合词和多音节词来表达类似的意义。比如，蹚水、跋山涉水。另外，"涉水"提供了运动发生的背景信息，它由黏着词"涉"加背景词"水"构成，是一个词汇化了的复合词，因为它不具有能产性。汉语中的"泻"以及它的同义词"奔泻"包含了运动发生的介质以及速度"快"等信息，英语中找不到对等的词。英语动词 flow 虽语义与此相近，但不包含速度快这一信息。

4. 摩擦

运动方式动词 walk、run、jog、roll、jump 不但表达了运动模式，

而且涉及与地面的反复接触，后一种信息来自我们对运动行为的实践知识，因此在词汇中没有被明确标示。动词 slide、glide、slither 包含着特定的信息，指运动与地面接触的持续性和无障碍性，所需的力较小。

此类运动方式动词的英、汉对比情况见表 6.3：

表 6.3　突显运动与地面平滑接触的英、汉运动方式动词对比

英语	汉语	
	单音节词	复合词
slide	滑	滑行、滑动
glide	滑、掠	滑过、滑动、滑行、滑翔
coast		滑行、下滑
skid		打滑、斜滑、滚滑

上述动词描述的运动事件，指运动物体与路径之间平滑的、不费力的接触，这种接触可以通过水平面（飞掠，skim）、空气（滑行，glide）、地面（滑动，slide）等介质。coast 不单指不使用动力的运动，还可以指骑自行车、乘汽车的滑行。skid 描述运动物体失去力的控制，滑向一侧或打滑。

汉语的"滑"对应于英语的"glide""slide"，但是汉语中有更多的复合词表达同样的概念。运动方式动词 coast 可以指骑自行车、乘汽车的滑行，skid 指汽车等滑向一侧、打滑，这两个动词本身就词汇化了交通工具。与英语不同，汉语中没有类似词汇化了的词。复合词"滑行"只表示平滑的运动，并不包含交通工具的语义成分。如果要表达类似的概念需要通过构式、副词短语等。

对于一些表示阻碍性运动方式的动词，如 shuffle、shamble、scuffle、drag 等，在汉语中找不到对等的词表达类似的概念。要

想表达这种特殊的行走方式，就需要用副词短语或特定的构式，比如翻译成"踉跄地走、蹒跚而行、拖着脚走、慢吞吞地走"等。

5. 速度

英语中有一些动词表示运动速度比正常速度快，比如，dash、tear 比 walk、go 的速度快。有些运动方式动词则表示速度很慢，如 inch。表 6.4 是含"速度"这一语义成分的英语运动方式动词和汉语的对照：

表 6.4 突显运动速度的英、汉运动方式动词对比

英语	汉语	
	单音节动词	复合词和多音节词
dart、hasten、rush、dash、barge、hurry	冲、奔、闯	猛冲、飞奔、向前冲、狂奔、急速行进、加速、赶快、急忙、猛撞

高频率的表达运动速度的运动方式动词在两种语言中有对等的单音节词，但汉语中广泛地运用复合词和多音节词表达类似的概念。冲、奔、闯表示一种快速、匆忙、猛烈的运动方式，多种多样的复合词和多音节词表达了同样的概念。

英语和汉语中的运动方式动词具有极大的相似性，这两种语言中的运动方式动词词汇化了类似的语义成分。这些语义成分不但词汇化于单音节动词中，而且也词汇化于汉语的复合结构中。这两种语言的不同在于汉语有大量的能产性复合词，比如，方式和路径可以融合在复合词"涌进"中。英语和汉语似乎通过词汇化的运动方式动词表达了同样的信息，但在汉语中，更加细微的区别需要通过复合词和多音节而不是单音节动词来表示。

第四节　汉语中特有的现象

一、单音节运动方式动词

在汉语中，有些单音节动词融合了多种特征，如动词"泻"融合了介质、速度、方向等特征。在英语中找不到类似的动词，只能翻译成 flow swiftly。再如，"飙"翻译成英语为 race widely。黏着词"窜"表示突然而快速地运动，"窜"概念化了两个语义成分：速度和方向。"窜"可以与多种运动方式动词合并构成复合词，表达语义的细微差别，如窜逃、逃窜、流窜、奔窜等。

汉语的另一个典型特征是有关运动模式和介质的信息可以通过汉字的偏旁表示。汉字是形声字，由形部和声部组成。形部表示字的意义，声部表明了字的最初发音。汉语的独特之处就在于以形声指意的汉字最具认知相似性。比如，"跑"表明这一动作的发出部位是脚，由偏旁"足"表示，"包"表示语音。汉字的存在是中国人以具象思维方式认识世界的记录。

总之，英语和汉语中都有一组运动方式动词，词汇化了运动速度和其他的概念。英语中表示急速运动和运动物体相关特征的一些运动方式动词，在汉语中找不到对应的词。

二、复合词和复合结构

（一）复合词

汉语不但有单音节运动方式动词，而且还有双音节复合词表达与单音节词类似的意义。在这一节，主要讨论三种复合词：

1. 表示"方式+路径"的复合词

有些汉语复合词表示"方式+路径",这不同于单个动词表示方式和路径。比如,涌入、攀越、踩入等。每一个复合词至少有一个或两个黏着词,第一个动词表示方式,第二个动词表示路径。这种类型的 VV 复合词是汉语中独有的。这些复合词的语义似乎是透明的,并且具有组合性,但本书把它们视为词汇化的复合词,因为两个动词中至少有一个是黏着词。

2. 表示"路径+方式"的复合词

这类复合词与上面的复合词相反,第一个词表示路径,路径词表示穿越或回路,而第二个动词表示方式。例如:

横渡、横越、横跨、横过、横贯

倒流、倒灌、倒车、倒转

直奔、直行、直飞

"直"是形容词,表示运动物体直线运行,与方式动词构成复合词,这类词在英语中找不到对等的词。汉语中还有一类复合词,如递进、涌进,"递"与"涌"表现了运动物体数的特征。

3. 表示运动速度快的复合词

在汉语中,黏着词(形容词或副词)通常与其他的动词组合成复合词。例如,动词"奔"表示运动速度快,经常可以放在其他方式动词前面,构成复合词。如奔泻、奔流、奔跑、奔走等。汉语中许多复合词由方式动词和一个表示速度快的黏着词组成。速度快这一语义成分不仅词汇化于自由动词中,如"飞奔"中的"飞"与"奔",而且可以词汇化于动词黏着词根中,黏着词根有腾、疾、驰、翔、窜等。例如:

飞翔、飞腾、飞跃、飞驶、飞奔、飞渡

飞翔、翱翔、滑翔

奔跑、奔走、奔流、奔泻

腾跃、腾空、腾飞

疾驰、疾驶

飞驰、奔驰、疾驰

总之，汉语通过各种各样的复合词表达运动速度的概念。这类复合词同时融合了方式和路径，是汉语的特点之一，在英语中找不到类似的结构。

(二)复合结构

在汉语中，有些复合词仅表示方式，运动通过构式或路径词表达。比如，"阔步"仅表示运动的方式，其本身并不能表示运动物体发生位移，要想表达运动事件，必须与路径动词连用，比如组成"阔步前进"。汉语中有很多表示方式的复合词与路径动词同时出现，可以表达位移运动。

汉语中还有一种特殊的结构，由四字组成，经常用来表征运动事件，这类似于英语中的 way 构式，这种结构具有能产性。利用 Jackendoff（1990）的术语，可以将其称为"GO-construction"，这一结构表达运动概念。"阔步"不能表达位移，但出现在 GO-construction 中，可以描述运动事件。

汉语中的 GO-construction，如：

（　）而行、（　）而去、（　）而来、（　）而上、（　）而至、（　）（　）行走、（　）行进

例如：阔步而行、快步而行、信步而行、蜂拥而至、拔腿就跑等。

双音节的动词和名词都可以出现在这一结构中，表示位移事件。

汉语中还有一类 VN 复合词，由方式动词和名词（表示背景信

息)组成,英语中没有这类复合词。这类复合词融合了方式与背景,如游街、逛街、跳伞、跨洋、乘船、凌空、潜水、登山、登陆。

第五节　英语中特有的现象

运动物体表现出来的特征,如神情、伴随的声音、单复数等都可词汇化于方式动词中,而汉语需要通过状语来表达与运动物体相关的特征。比如,saunter 表示毫无目的地闲逛,stride 表示大踏步地走,shuffle 表示拖着脚步走,stomp 表示以重踏步的方式移动,sneak 表示偷偷摸摸地走,strut 表示趾高气扬地走,tiptoe 表示蹑手蹑脚地走。汉语没有各种各样词汇化了的动词表示各种步态,通常用状语或并列动词结构描述与运动物体相关的特征。

一、表示路径形状的动词

英语动词 zigzag 和 spin 是两类代表明显路径形状的动词。不同于从一点到另一点的直线路径,zigzag 指弯弯曲曲的弧形的路径,这类动词包括 wind、snake、meander 等。spin 表示以轴为中心的圆形或环形运动路线,这类动词有 rotate、revolve、spiral 等。这两类动词都凸显了路径的形状。汉语中没有类似的词汇化了的动词来表达路径的形状,通常通过状语或并列动词结构表达类似的概念。

对于 zigzag 类动词,汉语没有单音节动词与之对应,但有两个复合词"蜿蜒"和"蛇形"可表达弯曲的路径,可以与 GO-construction 连用,表达运动事件。然而,不规则的路径形状大部分是通过状语或介词短语来表示的。

对于 spin 类动词，汉语有两种方式表达此概念，一是用方式动词"转"和副词短语表示，另一种用"绕着……旋转"结构来表示。关于路径形状的概念可词汇化于英语的运动方式动词中，而在汉语中则需要特定的结构、状语或介词短语表示。

二、"走"类动词蕴含的其他语义特征

动词往往不只凸显一种语义成分，当一种以上语义成分被词汇化时，英、汉两种语言表现出不同的特征。表示速度快的英语运动方式动词往往也词汇化其他的伴随特征。看下面的运动方式动词：

scram、skedaddle、scoot 这组词除了表示速度快之外，还表示路径的矢量特征。汉语中的"滚"对应 scram，两者都用来命令人走开。汉语中也经常用复合词"滚开""滚蛋"表达类似的概念。

bolt、flee 除了表达上述意义外，还增加了另一个语义概念，即秘密性和恐惧性。汉语中没有对等的单音节动词，"逃"最接近。但汉语用复合词表示此类概念，如逃走、逃跑、逃开、跑开。如果表示匆忙，还可以用快跑、快逃这类复合词。

abscond、elope 表示偷偷摸摸的行为，汉语中没有对应的单音节动词，但复合词"私奔""潜逃"对应于这两个概念。

scuttle、scurry、scamper、skitter、flit 这些词的主语通常是一些小动物或者小孩，描写特定的行为。汉语中没有与其语义接近的对等词，通常要加副词来表示相近的意义。比如，scuttle 翻译成"仓皇逃走"，scurry 翻译成"急匆匆地走"，flit 翻译成"轻快地掠过"。

scud、streak 通常用来指船只、车辆的运行，除了表示运动

速度快之外，还表示运动路径是直线式的。汉语中的"飞奔""疾行"也可描写车辆运动速度之快，但路径的直线性概念没有词汇化在动词中。

spin、coast、whizz、zoom 不但表示运动速度快，而且表示交通工具的作用促使物体产生位移。spin 指车辆疾驰，coast 指乘汽车或自行车滑行，whizz、zoom 还表示运动时发出的声音，whizz 表示嗖嗖掠过，zoom 表示飞机、汽车等疾速移动并伴随着隆隆声。汉语中没有对等的单音节词，通常用"疾驰""飞奔""呼啸"来表示运动速度。要表达位移事件，可以用"疾驰而行""飞奔而过""呼啸而过"。

总之，英语的运动方式动词融合了多种语义，汉语典型地表现为用复合词和状语表达类似的方式概念。

三、跳跃类动词

英语中有很多跳跃类动词，如 jump、hop、leap 等。汉语中也有几个描述跳跃的高频率动词，如跳、弹、蹦等，但汉语中更多的是用复合词表达跳跃类概念，如弹跳、跳跃、腾跃、飞跃、蹦跳等。英语中的 leap、vault 在汉语中找不到对等的单音节词，因为它们含有向前运动的概念。汉语通常用表示方式和路径的复合词或复合结构表示，如跃进、跳跃前进。例如，vault 翻译成"撑竿跳过"。

四、跳舞类动词和交通工具类动词

在 Levin 收集的运动方式动词中，有大量的跳舞类动词和交通工具类动词。部分原因在于，在英语中，名词可以直接转化为动词，没有转化的过程，如 bike、toboggan。在汉语中找不到对应词表达类似的意义,而是用 VN 复合词表示,由一个一般的行为动词和同源宾语构成。dance 对应的词是"跳舞","舞"不能省略,因为"跳"仅表示"jump",这种构成形式也适用于其他的跳舞类动词,不同的宾语可与单音节动词"跳"组合,构成类似的结构,如跳探戈、跳华尔兹等。skate 对应的词是"滑冰""溜冰","冰"不能省略,它表示由于特定工具的使用而使物体发生位移。

五、"行走"类动词

英语中高频率的运动方式动词在汉语中都有对应的单音节动词,但对于那些非高频率的动词,英语和汉语往往没有确切的对等词(表 6.5)。

表 6.5 英、汉高频率与低频率运动方式动词对比

高频率词		低频率词	
英语	汉语	英语	汉语
run	跑	lope	轻跳着奔跑
jump	跳	vault	撑竿跳过
walk	走	strut、swagger	趾高气扬地走、大摇大摆地走

调查表明,英语中有许多运动方式动词凸显了动词 walk 不能表示的细微特征。与英语相比,汉语很少有单音节动词把行走的细微特征词汇化于动词中,表达此类概念,汉语往往通过复合词、副词或介词短语、构式等方式来表达。

a. 与步伐大小有关的动词

英语　　汉语

march　　进军、行进

英语	汉语
goosestep	进军
parade	游行、列队行进
pace	踱步、走动、走来走去
stride	大踏步走、跨过、阔步走
lope	大步慢跑
waddle	摇摇摆摆地走

这一组动词主要与步伐的大小有关。

b. 表示步伐不稳和笨拙的动词

英语	汉语
toddle	蹒跚行走
stagger	蹒跚
totter	蹒跚、踉跄
lurch	蹒跚而行、颠簸着行进
dodder	摇摆、蹒跚
reel	蹒跚地走路、摇晃着移动
lumber	笨重地行进、隆隆驶过

这组动词表示步伐不稳而且笨拙，表达这类范畴的汉语词语有踉跄、蹒跚、摇摇摆摆，这些词用作状语，表示运动方式。

英语	汉语
shamble	拖着脚走、踉跄地走
shuffle	拖着脚走

这组动词表示脚与地面的连续接触，并且需要一种额外的力。这类概念没有被词汇化于汉语动词中，汉语必须求助于特定的结构表达此类概念。

英语	汉语
trudge	跋涉、吃力地走

plod	沉重缓慢地走路
tramp	以沉重的步子走
stamp	顿足、跺脚
stomp	跺脚、践踏、迈着沉重的步伐
clump	笨重地行进

这组动词表示沉重、缓慢、费力地行走，凸显脚步的沉重与笨拙。在汉语中，大部分概念需要通过状语表现运动的缓慢和吃力。另外，tiptoe 表示踮着脚走、蹑手蹑脚地走。

c. 与运动物体的神情有关的动词

英语	汉语
strut	趾高气扬地走、高视阔步
swagger	大摇大摆地走路、昂首阔步
sashay	大摇大摆地走
prance	腾跃、昂首阔步
stalk	高视阔步、大踏步走
parade	游行、列队行进

这组动词表达了行走时表现出来的炫耀和自负。汉语中没有对等的单音节词和复合词，因此行走时伴随的神情多通过状语表达。

英语	汉语
amble	缓行、从容地走、漫步
mosey	漫步、溜达
stroll	散步、漫步
saunter	漫步、闲逛

这组动词表现了动作的悠闲和放松，汉语中有对应的复合词表示此类概念。

d. 表示心情愉悦的动词

英语	汉语
frisk	活蹦乱跳
frolic	嬉戏
romp	玩耍、嬉戏
gambol	蹦跳、跳跃、嬉戏
cavort	跳跃

这组动词表现了动作发出者的一种快乐心情，在汉语中没有对等的单音节词，但有对等的双音节词和多音节词。

e. 表示运动物体数量的动词

英语	汉语
troop	成群结队地走
swarm	成群地移动、蜂拥
flock	群集、成群结队而行
throng	成群、挤满
file	排成纵队前进、列队行进

这组动词描述的是一组物体一起运动或者是排成一队依次行进。汉语中没有自由的单音节动词表达此类运动，可以用三种方法表达此类概念。第一种方法是用黏着词根"涌"和复合词"蜂拥"表示群体运动。如果表达位移动作，可以与路径动词连用。第二种方法是用状语表达群体概念，比如，成群地移动，也可以用固定结构，成群而行。第三种方法是用连动结构、介词短语和多音节动词表达依次的概念。比如，列队行进、一个接着一个。

在描述行走的步态以及和运动物体有关的伴随特征时，英语和汉语表现出很大的不同。在描写行走步态方面，英语有丰富的运动方式动词，分别表现行走的速度、步伐的大小以及心情。除

第六章 汉语运动方式动词的语义概念特征及词汇化模式

了漫步、闲逛等语义,汉语多通过状语、复合词和其他的结构描写这类概念。与运动物体相关的伴随特征,几乎没有词汇化于汉语动词中。在高频率的运动方式动词方面,汉语和英语存在对应的词。英语、汉语的不同在于非高频率的运动方式动词,英语把各种各样的特征词汇化于动词中,而汉语多用复合词和多音节复合结构表达同样的意义。

以上通过概念分析法探讨了英语和汉语运动方式动词的异同,主要集中在两个问题:如果把频率作为一个切入点,英语和汉语运动方式动词有何不同?概念成分是否以同样的方式概念化于运动方式动词中?

通过研究有三个发现:一是两种语言中都有高频率的单音节运动方式动词。二是对于低频率的运动方式动词,二者存在差异。比如,英语中有丰富的体现运动速度的动词,它们之间存在细微的差别。汉语没有对应的词汇化了的动词,往往通过状语、复合词等来表达类似的概念。可见,在汉语中与运动物体相关的特征没有被词汇化于单音节运动方式动词中。三是汉语表达运动方式的单音节动词比较少,大部分是通过复合词、状语、特定构式等表示与英语类似的意义。另外,汉语通过复合结构或特有的多音节动词表示与运动物体相关的特征。对于同一个语义较为复杂的概念,如果我们用一个词来表达,那么这种表达方式称为综合型表达法(synthetic expression);如果用一个短语来表达,那么这种表达方式称为分析型表达法(analytic expression)。英语属于综合语,用形态的曲折变化来表达语法关系;而汉语属于分析语,没有严格意义上的词形变化。

通过研究发现,类似于 Berlin 和 Kay 对基本颜色词的研究,英语和汉语中高频率运动方式动词基本相同,但是低频率的运动方式动词存在很大差异。需要更多的语言对比工作来验证这一结论的正确性。

第六节　英汉运动方式动词的词汇化模式差异对翻译的影响

　　不同语言的词汇化模式差异给翻译带来了困境。把卫星框架语言（如英语）中丰富的运动方式动词翻译成运动方式动词贫乏的动词框架语言（如西班牙语）时，因为找不到对等的方式动词，就需要添加一些额外的语言表达形式，使意义对等，但也容易致使译文显得啰唆，不符合译语的表达习惯。Slobin（1996）曾对此做过研究，他发现，由于西班牙语中的动词表达路径，不包含方式信息，如果把英语翻译成西班牙语，如何翻译英语动词中的方式信息，是译者面临的重大难题。译者应对的措施，一种是添加状语，力求还原包含在英语动词中的方式信息，一种是干脆忽略原文中的方式信息。前者使得译文烦琐，后者使得译文有失生动。

　　汉语表示方式的动词也不如英语丰富，译者把英文翻译成中文时也面临同样的问题，即如何处理英语动词中的方式信息。

　　我们来看 *Gone with the Wind* 中的几例译文：

　　She turned and flounced toward the stairs.

　　她回过身去，不耐烦地向楼梯走去。

　　But Mammy, waddling grinning from the room, set her mind at ease.

　　但是，妈咪咧着嘴笑着，从卧室里慢慢地走出来，这使她的心情轻松了许多。

第六章 汉语运动方式动词的语义概念特征及词汇化模式

"I'll thank you to let me manage my children", cried Scarlett as Wade obediently trotted from the room.

当韦德顺从地快步走出房门的时候,斯嘉丽喊道:"谢谢你,让我管管我的孩子吧。"

Melanie rustled in from her room.

梅兰妮窸窸窣窣地从她的房间冲进来。

He stumped rapidly to the group.

他迈着沉重、僵硬的步伐急忙走向人群。

以上例句说明,在英汉翻译中大多数译者都是通过添加副词或状语来表达英文动词中的方式信息。这种方法所造成的结果就是译文不如原文精练,而且过分凸显了原文暗含在动词中的方式信息。

译者有时也会采取另一种办法,即忽略原文动词中的部分方式信息,仅用表笼统方式的汉语动词来代替原文表具体方式的动词。如 Gone with the Wind 的几例译文:

Clutching the jewellery to her with the other, she raced into the upstairs hall.

一手紧握着那些珠宝,她跑到楼下过道里。

At Christmas time Frank Kennedy and a small troop from the commissary department jogged up to Tara on a futile hunt for grain and animals for the army.

在圣诞节期间,弗兰克·肯尼迪带着一小队人马来到塔拉庄园,希望侥幸收集点谷物和肉类供军队享用。

"Who is it?" cried Scarlett, leaping up from the steps and racing through the hall with Melly at her shoulder and the others streaming after her.

"是谁啊?"斯嘉丽问道,同时从台阶上跳起来,穿过厅堂往外跑,梅利紧随其后,其他人也跟了上来。

原文动词所包含的方式信息都比较具体,如 race 表示"赛跑、拼命跑",jog 表示"颠簸地移动、磨磨蹭蹭地走",stream 表示"蜂拥而进、鱼贯而行、川流不息地通过"。

汉语缺少对应的动词,在相应的译文中译者都以表笼统方式的动词来翻译,忽略了包含在原文动词中的具体的方式信息,这样就影响了译文的质量和表达效果。总之,词汇化模式的差异使译者陷入两难境地。如何既能完整地传达原文信息,又能使译文精练而不啰唆,既需要译者高深的翻译技巧,也需要译者根据不同的上下文和翻译目的做出合理抉择。

虽然人类可能拥有相同的运动事件框架,但不同的语言用不同的方式表达这一框架。概念成分与语言表层的映射存在很大的差异,这是造成语际翻译困难的深层原因。

第七节 小结

在描述行走的步态以及和运动物体有关的伴随特征时,英语和汉语表现出很大的不同。在描写行走的步态方面,英语有着丰富的方式动词,可表现行走的速度、步伐的大小以及心情。除了漫步、闲逛类动词,汉语多通过状语、复合词和其他的结构描写这类概念。与运动物体相关的伴随特征,几乎没有词汇化于汉语动词中。在高频率的方式动词方面,汉语和英语没有不同,而在低频率的方式动词方面,英语把各种各样的特征词汇化于动词中,而汉语多用复合词和多音节动词表达同样的意义。

本书通过研究有三个发现:第一,英、汉两种语言中都有高频率的单音节方式动词;第二,对于低频率的方式动词,英语和汉语存在差异。比如,英语中有丰富的体现运动速度的动词,它们之间存在细微的差别。汉语没有对应的词汇化了的词，往往通过状语、复合词等来表达类似的概念。汉语中与运动物体相关的特征没有被词汇化于单音节方式动词中。第三，汉语表达运动方式的单音节动词比较少，大部分是通过复合词、状语、特定构式等表示与英语类似的意义。

第七章 汉语运动事件的类型归属问题

第一节 Talmy 的词汇化模式理论

一、词汇化的不同界定

词汇化简称词化,是语言研究中一个常见但含义并不确定的术语,人们从不同的角度出发对它有着不同的理解,迄今还没有一个明确和统一的定义(罗思明等,2007)。词汇化研究最早可以追溯到 Saussure。Saussure(1966)认为词汇化即新范畴的形成、凝固和发展。Antilla(1972)从语言形式的能产性(productivity)和合法性(grammaticality)出发定义词化概念,指出"当某一语言形式不受语法的能产规则制约时,它就被词化了"(转引自罗思明,2007)。

词汇化过程中,语义通常经历从具体义向抽象义的转变过程。语音的磨损和语义的融合过程是不可逆转的。词汇化过程伴随着句法和语音演变机制:语音逐渐弱化、句法重新分析、固化、规约化和失去动力。在语言演变研究领域,词汇化主要可分为两种:

一种是"去语法化（degrammaticailization）"，即虚化程度较高的语法成分演变为虚化程度较低的语法成分或者词汇成分，但这种情况非常少。词汇化和语法化一样，都是人类认知过程中的一种表现形式，在语言的演变过程中都参与了人类的认知因素，是人类使用语言的结果。在语言的发展变化中，两者互为机制，可以互相转化，因为语言发展变化的根本规律之一就是实用虚化，虚用实化。词汇化的另一种是探讨由短语或者其他句法单位演变成稳固词项的过程，这也是大多数语言学家在研究词汇化现象时所主要关注的角度。

Brinton 和 Traugott（2005）强调词汇化过程中会发生融合现象，结果会导致组合的减弱。词汇化过程是组合性发生的过程，即一种相对自由的句法表达形式演变为一个高度压缩的表达形式。所谓融合（mixture），是指本来是两个独立的性质不同的语言单位，由于语义的不断虚化、词义的逐渐融合，最终合成一个新词。从形式上看，词义的融合也就是结构之间分界的消失（boundary loss）。

词汇化过程会出现语音的弱化、语义的融合，以及句法的分析、固化和规约过程，这一过程是渐进地、单向地发展。现代汉语双音节词有三个来源：一是从词组变来，这是双音词的主要来源；二是由有语法性成分参与组成的句法结构固化而来；三是由本不在同一句法层次上而只是在线性顺序上相邻的成分变成的（董秀芳，2002）。词汇化就是语义成分整合成词的过程，词汇化前语义成分比较松散，词汇化后语义固化。因此，词汇化首先是指各种语义成分如何固化为词汇单位。词汇化研究有两种主要的范式：生成主义研究范式和功能—类型研究范式。从认知的角度研究词汇化及其模式是功能—类型研究范式中一种新颖的研究视角，已经取得了引人瞩目的研究成果（如 Talmy，2000）。

二、Talmy 的词汇化模式理论

根据 Talmy 的观点，词汇化模式就是指语义成分（meaning component）与特定的语言表层形式成分之间的固定的、成规律的联系。Talmy 在意义层面上把运动事件分为六个语义成分，由四个基本成分和两个附加成分构成，四个基本成分包括焦点、背景、路径、运动，两个附加成分包括方式和原因。Talmy 利用核心图式作为类型学标准把世界上的语言分为动词框架语言和卫星框架语言。例如：

The ball　　rolled　　　into　　the hole.（卫星框架语言）
　焦点　　运动+方式　　路径　　背景
La balle est entree dans le trou en roulant.
The ball　entered　　the door　by rolling.（动词框架语言）
　焦点　运动+路径　　背景　　　方式

英语句子中，"ball"（球）的路径由介词"into"表达，运动方式隐含在动词"roll"中，而在西班牙语中，路径隐含在动词"entree"中，修饰语"roulant"表达运动的方式。英语和西班牙语在描述运动事件时普遍存在这种现象。Talmy 据此把西班牙语归类于动词框架语言，英语则归类为典型的卫星框架语言。Talmy 认为世界上不同的语言对运动事件语义信息的选择和编码方式具有显著的差异。在卫星框架语言中，主要动词编码运动和方式信息，路径信息编码于卫星词。在动词框架语言中，动词编码运动和路径信息，方式或原因信息有选择地被编码于附加语，比如状语或动名词等。

Talmy 是这样定义"卫星"这个概念的："卫星"是除了名

词性短语和介词短语这两种补足语之外，从属于动词词根的任何一个句子成分的语法范畴。它可以是一个词缀，也可以是一个独立的单词。因此，它包括以下所有的语法形式：英语动词小品词、德语动词前缀（分离或不分离）、拉丁语或俄语动词前缀、汉语动词补足语等（Talmy，2000）。英语和西班牙语对运动事件的描述截然不同，因此，分属于不同类型的语言。

Talmy（2000）认为，汉语的运动结构和卫星词在词汇、语义，甚至句法上与英语完全对应。在他看来，现代汉语是一种卫星框架语言，因为它是通过动词后的卫星词来表达运动路径的。例如：

He came into classroom.

他走进教室。

I drove past him.

我开车从他身边经过。

在 Talmy 看来，"走进"中的"进"、"经过"中的"过"是卫星词，汉语中有关运动事件的表达多属于这种方式，因此，汉语属于卫星框架语言。对 Talmy 的观点，不同的学者提出了不同的意见，问题的焦点在于对复合动词中后面的补语是否是动词，而且是否是主要动词的判断上。

第二节　汉语类型归属的三种观点

一、卫星框架语言

Talmy（2000）认为汉语是典型的卫星框架语言。在汉语中，路径成分通常由跟在动词后面的补语表示。比如，"走进房间"中的"进"、"跑出教室"中的"出"等，这类词被称为趋向补语，通常由趋向动词充当。在古汉语中，这类动词可用作句子的核心动词，但随着时间的推移，这些路径动词日益成为第二位置的成分，逐渐演变成数量有限的一类词，依附性较强，附着在表方式或原因的动词后，形成了一个封闭的系统。Talmy（2000）认为汉语经历了从 V 语言到 S 语言的类型变迁。

二、动词框架语言

有些学者认为汉语是一种复杂的 V 语言。汉语中表达路径的词也可以看作动词，属于联动复合结构 VV。戴浩一（2002）根据汉语路径动词可以单独做核心动词用，认为汉语是以 V 构架为主、S 构架为辅的语言，即倾向于认为汉语是 V 语言。"由于汉语做补语的动词和形容词不是一个很严格的封闭类，补语大多能单独充当谓语动词，还残留古汉语的致动用法，可以说，汉语核心语和附加语的区分不像英语和西班牙语那些有形态变化的语言那么明显，汉语的附加语不是地道的附加语。从这个角度看，汉语又不是一种很典型的'附加语构架语言'。"（沈家煊，2003）

三、同等框架语言

Croft（2003）和 Slobin（2003，2004）建议在卫星框架语言和动词框架语言之外增加一种类型。Slobin 又补充了一种同等框架（equipollently-framed）语言类型。"equipollent"有"力量相等的、价值相等的"之义，用来指动词和路径动词有着同等的词法、句法地位。同等框架语言被定义为"路径和方式由相同的语法形式表达（Slobin，2004）"。

陈（2007）的研究发现，成人和孩子用汉语描述运动事件时，大量使用方式动词，这时汉语更像卫星框架语言。但是，汉语对场景的描写比较丰富，更像动词框架语言。汉语的这一特点比较符合 Slobin 的同等框架语言。

Slobin（2006）的运动事件编码的类型学三分法见表 7.1：

表 7.1　Slobin 的运动事件编码的类型学三分法

动词框架语言	卫星框架语言	同等框架语言
路径动词 + 附属方式动词	方式动词 + 路径卫星词	i. 方式动词 + 路径动词 ii. [方式 + 路径] 动词 iii. 方式前动词 + 路径前动词 + 动词
罗曼语、闪米特语、土耳其语、日语、韩语、Basque	德语、斯拉夫语、芬兰－乌戈尔语	i. 连动式语言（汉藏语、尼日尔－刚果语） ii. 动词由两部分构成的语言（Algonquian，Athabaskan） iii. 概括类动词语言（Jaminjungan）

第三节　对汉语类型归属的实证性研究

本小节通过语料研究验证汉语是否如 Talmy 所言和英语完全一样，属于卫星框架语言。通过分析实际语料探究路径动词独自出现的频率，与 [方式 + 路径] 模式相比，哪一种更占优势。表 7.2 总结了汉语的不同路径类型：

表 7.2　汉语的不同路径类型

A	B	C	D
单一路径	指示路径	复合路径	卫星路径
进	去	进来 进去	向
出	来	出来 出去	往

续表

A	B	C	D
上		上来 上去	开
下		下来 下去	近
回		回来 回去	
过		过来 过去	

以表示单一路径的进、出、上、下、回、过为例，通过对北京大学中国语言学研究中心现代汉语语料库中老舍、巴金、贾平凹、王朔、金庸、丁玲等著作中语料的检索，取前600项，删除所有非路径动词的用法，得出的结论见表7.3：[Path]代表有界路径动词单独出现在句子中的数量，[MP]代表方式动词和有界路径动词同时出现的数量。

表7.3 语料库中单一路径动词出现的数量

	[Path]	[MP]
进	进 * 170	* 进 102
出	出 * 54	* 出 40
上	上 * 32	* 上 26
下	下 * 34	* 下 30
回	回 * 74	* 回 36
过	过 * 151	* 过 57

表7.3中，*表示路径动词前或后可以出现许多不确定的词。例如，"进*"指包括以"进"开头的路径动词的句子。

从上表中我们可以看出，[Path]结构在数量上超出[MP]结构。

如果汉语是同等框架语言，那么 [MP] 结构在数量上应该会超出 [Path] 结构。因此，从总体上来说，汉语还是动词框架占主导地位。Talmy（2008）反对过度使用"同等框架"这一术语，并认为同等框架只适用于特殊的例子。

Slobin（1997）通过研究发现，卫星框架语言比较关注运动物体运行的整个过程，比如起始点、目的地等，因此表达路径的成分往往有多个，附属在同一个动词后面。例如：

He went from the station, along the avenue and through the crowds, past the monument, to his office.（Slobin, 1997）

同一个动词后面附属多个介词短语在英语中是常见的现象，并且卫星词可以叠加。例如：

Alice walked back down into the basement.

如果用汉语描写类似的事件，不能用介词短语叠加的方式来表达多个路径，而是要用到多个动词短语。例如：

嗖的一声，一支羽箭从东边山坳后射了出来，呜呜声响，划过长空，穿入一头飞雁颈中。（金庸《雪山飞狐》）

再如：

她急急忙忙从教室跑出来，然后进了图书馆。

他匆忙地进来，然后又出去了。

汉语选择哪种框架类型是根据所描述的运动事件的复杂性以及方式信息能否从上下文中推断出来决定的，当方式通过副词短语表示时，往往选择动词框架。

总之，当方式信息可以从上下文中推断出来，汉语表现为动词框架语言。如果方式信息凸现，汉语则呈现为卫星框架语言。汉语中以路径动词为主的表达法和以方式动词为主的表达法经常交替使用，都是汉语中的习惯表达法；汉语并未像英语那样对以方式动词为主的表达法表现出绝对的偏好。这一观察结果让我们认识到汉语是复合框架语言这一事实，而且有必要对现在的类型划分进行重新修改。

许多语言都具有混合特征，只有把所有的因素都考虑在内，才能对不同的语言进行充分的对比。许多学者曾提出不同的研究方法，这些研究方法见表7.4：

表7.4 学者针对不同语言提出的不同研究方法

学者	语言	观点
Sinha & Kuteva（1995）	英语、荷兰语、丹麦语、日语等	空间语义分散观
Slobin（2004）	英语、西班牙语、德语、荷兰语、日语、汉语	同等框架语言和方式凸显连续体
Sampaio（2006）	Amondawa	构式类型、优先性、倾向性
Beavers（2006）	英语、西班牙语、日语、法语、汉语、韩语	形态—句法解释
Filipovic（2007）	塞尔维亚语、克罗地亚语	多层次基于用法的研究

因为大部分语言呈现出不止一种词汇化模式，所以这些学者对Talmy的词汇化模式进行了补充或修改。通过对汉语语料的研究发现，汉语更符合Sampaio和Beavers的观点，把不同的框架模式看作不同的构式，这些不同的构式受到语义或语用的制约。

焦点物体有无生命的特征会影响到词汇化模式的选择。

如果是自主运动事件，焦点是运动的主体，并且是无生命体，动力来源为某种自然力，这种情况一般用[MP]表达式。例如：

a. 银白的月光依然执着地从窗户中透进来。

? 银白的月光依然执着地从窗户中进来。

b. 这说明，熔岩曾五次流过这些洞穴。

?这说明，熔岩曾五次过这些洞穴。

c.巨石从山上滚下来。

?巨石从山上下来。

少数无生命运动体，如果被看作不受外力自主运动的物体，表达运动事件时，可以直接运用路径动词。比如"星星出来了""太阳落山了""高铁进了隧道"。但这种表达模式不具有普遍性，比较受限，多出现在口语中，使用频率不高。

自主运动事件的有生命的焦点物体为施动者，也是运动动力的发出者，表达运动事件时，可用 [方式+路径] 表达式。例如：

a.消防战士顾不上脱鞋子，扑通一下跳下水。

b.突然从水渠里蹦出来一只青蛙。

c.一块巨石顺着斜坡滚下去了。

也可以直接用路径表达，例如：

a.两个学生说说笑笑进了图书馆。

b.他刚出去，恐怕要等一会才能回来。

c.大部分学生下课后都出去了，只有两个学生留在教室里。

自主运动事件，尤其是自主运动事件的焦点物体是有生命的，既可以使用 [Path] 表达式，也可以使用 [MP] 表达式。

在致使运动事件中，施动物体和焦点物体不是同一体，彼此相分离，施动物体要对焦点物体施加一个力，施动物体和运动之间有一种"致使"的语义关系。在这种情况下，表达运动事件一般使用 [MP] 表达式，极少使用 [Path] 表达式。

第四节　小结

通过实际语料研究发现，汉语既是卫星框架语言，也是动词框架语言，偶尔表现出动词框架语言的特点。汉语中不同框架的使用依赖于说话人的视觉或侧重点及可选择的方式。基于此，我们可以揭示一种语言中对运动事件的描述可以有多种选择。总之，在汉语中存在多种对运动事件的描述方式。研究发现，路径的有界和无界影响对运动事件的描述。如果路径是有界的，汉语具有Talmy的两种框架语言特征。当路径是无界的，汉语表现为典型的卫星框架语言。另外，不同的语境也影响着不同的编码方式。

第八章　语言与认知中的运动事件研究

第一节　语言相对论研究

语言相对论也就是沃尔夫假说，认为语言影响我们的思维及对世界的认识，甫一提出，遂得到业界的广泛关注，但随着形式学派的崛起，此观点受到业界冷落。但近十几年，伴随着认知语言学研究的广泛深入，语言相对论研究又成为一个热门话题。在语言相对论前提下，学者们对空间域、时间域、颜色域、情感域、运动域以及物体与物质域的概念化中语言的作用进行了大量的研究（Davidoff, Davies & Roberson, 1999; Levinson, 2003; Cardini, 2010）。这些研究基于不同的理论取向，有的认为语言结构的差异导致认知结构组织方式不同，有的认为不同的语言范畴仅仅会更加凸显现实世界的某一方面，不会改变人们根本的认知结构或过程。

大多数研究是在新沃尔夫主义研究范式内对单语者进行的跨语言研究，学者们大大忽略了从双语视角出发研究语言和认知之间的关系，Grosjean（1992）声称，世界人口一半以上是双语者，

Aronin & Singleton (2008) 认为在不断变化且日益全球化的世界中多语现象是一种新的语言特例。目前，这一研究领域取得了很大的进步，例如专刊的出版以及各种学术会议的召开。Jarvis & Pavlenko (2008) 简要介绍了在语言层面和概念层面产生的跨语言影响，包括语言迁移、概念迁移、概念转变等现象。Han & Cadierno (2010) 区分了双语类型，主要在思而说研究范式框架内关注了成人二语习得研究，言语和非言语行为对空间和运动事件的解读的影响、对冠词及语法语素使用的影响。Odlin 主要探讨了概念迁移，讨论了概念层面上什么可以算作迁移的证据。Cook & Basseti (2011) 出版了一卷书，该卷书的 A 部分提供了单语环境中语言相对论原则研究的背景，研究视角包括人类学传统和认知语言学传统，B 部分集中阐述了双语和认知的问题。认知是本书的关键概念，通过颜色相似性判断、空间形状回忆、情感对回忆产生的影响以及自传回忆等的实证研究，论证了沃尔夫假说及其对双语者产生的影响，并探讨了双语认知研究的现实意义：对教育、翻译、广告和跨文化交际均有积极影响。根据研究，二语习得可能会改变双语者的概念化模式，因此，英语教学不应该把二语概念强加给学习者，而是应该允许两种语言混合地发展。

还有学者研究了双语认知问题，对于双语者的语言和认知的关系问题研究，大量的研究方法可以利用，研究了多种元配对——丹麦语和西班牙语/德语（Cadierno in Han & Cadierno），西班牙语/瑞典语（Bylund），汉语/英语（Chen & Su），俄语/英语（Jarvis & Pavlenko），一系列的研究帮助我们进一步理解了语言差异怎样影响双语认知。不同的学者基于不同的理论取向，运用不同的研究方法对语言和认知之间的互动进行了研究，Jarvis & Pavlenko 的一个重要贡献就是认为在概念迁移和概念转变领域，语言迁移和沃尔夫假设是交叉的，从认识论和历史的视角对语言迁移现象进行了全面而深刻的阐述。他们承认，他们理论的根基来自沃尔夫、皮亚杰，但不完全赞同。他们的观点类似于沃尔夫，认为某些概念不具有普遍性，而是通过语言的社会化过程形成的，语言调节形成的概念受到跨语言的影响。与沃尔夫的不同在于研究方法，他们对概念迁移的研究始于语言，通过认知，并终于语言。语言相对论传统的研究方法始于语言，终于认知，对于如何分离、识别和测量一种语言对另一种语言的影响提供了研究方法。近年来，语言对非言语认知的影响受到学者们（Fuhrman & McCormick, 2010; Trueswell & Papafragou, 2010）的关注，有望将来进一步对双语者进行研究。

第二节　语言和思维

语言是否影响思维之问题由来已久，在西方人文思想形成过程中有很久远的历史，可以追溯到古代。比如，希罗多德在其开山之作《历史》中就思考过这一问题，认为埃及人和希腊人不同的行为是由他们不同的书写方向决定的。埃及人从右往左写，希腊人从左往右写。然而，希罗多德的观点受到了挑战，其他学者认为语言只是谈论现实世界的工具，不会影响到人们对世界的感受（Fishman, 1980; Koerner, 2002）。尽管对语言和思想之关系的探究由来已久，目前仍存在两种相对的观点：普遍主义者认为人类的认知加工具有相同的概念倾向性，而相对主义者认为人类的认知受语言的影响。更确切地讲，目前语言和思维关系的争论往往取决于实证研究得出的结论，这些结论是否能足够证明语言跟思维相关。

当前对语言和思维关系的实验研究主要有两条路径，这两条路径对思维的认识及采用的方法不同。第一条路径是接受沃尔夫的思想，关注语言对非言语行为的影响。根据沃尔夫的语言相对论思想，操不同语言者受各自语法的引导，对世界有不同的认识行为，因此一定会产生不同的世界观。Lucy认为思维是一系列的非言语认知加工，包括范畴化、分类、认知记忆以及低水平的感知。这些是非言语行为，它们不能引发言语产出，但是构成了对感知刺激的认知反应。至今，语言对非言语认知的影响的研究，在不同程度的概念域产生了数量不等的文献，比如颜色域（Regier & Kay, 2009; Thierry et al., 2009）、物体和物质域（Lucy, 1992; Saalbach & Imai, 2007）、时间域（Boroditsky Fuhrman & McCormick, 2011）以及运动域（Athanasopoulos & Bylund, 2013; Kersten et al., 2010）。

这些研究结果细致地向我们展示了语言和思维之间的关系。尽管语言不能决定思想，没有语言的助力思维可能也存在，但是，在特定的环境条件下，语言会对特定的认知过程产生影响。语言对思想产生影响的程度受许多因素的影响，如概念域、语言范畴的特征，以及试验任务在多大程度上激起或抑制语言的使用。

关于语言与思维关系研究的第二条路径是以Slobin的理论为基础。Slobin（1996）提出了"思而言"假设，这一假设认为，在准备说话内容的时候，操不同语言者思考的内容不同。具体来讲，Slobin认为，说话者关注并表达那些语言中有现成编码方式的内容。在语言相对论研究范式内，关注的焦点是非言语行为，"思而言"研究范式关注的是言语行为。言语信息的选择和组织即概念化是这一研究范式的中心内容。但是,证据并不仅仅限于言语行为,许多这一框架内的研究关注了伴随言语产生的行为,比如注意力分配和手势。关注言语与非言语行为的理论是,人类大部分时间用来准备、产出以及解释言语信息,如果不关注言语产出的心智过程,那么越来越多的证据表明:操不同语言者在选择和组织话语信息时展现了不同的模式(Berman & Slobin,1994;Hasselgard,2002;Strmqvist & Verhoeven,2004)、通过手势表达概念方式(Nunez & Sweetser,2006),以及在口头描述时,视觉注意力的分配存在差异(Stutterheim et al.,2012)。

  语言的多样性对认知会产生跨语言的影响这一研究成果对语言学习具有潜在的深远的意义。当学习一门新的语言时,这门语言对现实世界的切分方式与母语不同,对于学习者会产生什么影响呢?学习者使用母语的思维方式吗?这种思维方式会发生改变吗?新思维方式的可学性、母语习得获得的思维方式的稳定性,这些问题对于理解二语学习过程非常重要,为研究语言和思维的关系提供了独特的见解。如果仅仅研究单语者是无法发现这些问题的。目前为止,在语言和思维的关系研究中,对二语习得及双语者的研究还是非常缺乏的。现有研究结果表明,在二语习得过程中,有些学习者逐渐充分掌握了目标语与相关的行为,有些学习者处于目标语和母语之间的状态,还有一些学习者表现出没有改变的母语行为。二语习得者的言语行为,在多大程度上接近母语者依赖多种因素。一方面与目标行为的特点有关,比如感知域(颜色、物体、事件)、两种语言间的概念相似性等;另一方面与学习者本人的经历有关,比如二语习得者的年龄、使用二语的频率、二语的熟练度。

第三节　语言与认知中的运动事件

　　动词框架语言和卫星框架语言对事件描述的根本差异首先是句法框架的不同，即方式信息和路径信息编码的差异。在西班牙语中，对方式的编码具有选择性。在英语中，方式被编码于主要动词中，而运动路径编码于状语中。西班牙语把路径信息编码于主要动词中，方式信息可以编码于动名词中，也可以不具体指明。据此，Talmy 从语义类型学角度把语言分为卫星框架语言和动词框架语言。如果方式编码于主要动词，路径编码于附加语，这类语言称为卫星框架语言；如果路径编码于主要动词，方式选择性地编码于主要动词之外的成分，比如动名词，这类语言称为动词框架语言。Slobin 对上述分类提出了异议，在此基础上又提出第三类框架语言即同等框架语言，比如汉语和泰国语。在这类框架中，方式和信息编码于连动结构中。尽管受到了质疑，Talmy 的类型学被广泛运用于运动事件研究，成为在二语习得领域研究语言和思维关系的理论基础。在"思而言"框架内的研究成果表明，操不同语言者，依据所说语言提供的句法结构来选择和组织方式和路径信息。言语行为的已有证据表明，卫星框架语言者更倾向于表达方式信息，因为这一信息编码于主要动词中，易于提取。而动词框架语言者，尽管也可以通过迂回的方式，比如动词、介词短语、状语来表达方式信息，但往往不这样去做（Hendriks & Hickmann，2011；Slobin，2004）。对于非言语行为，动词框架语言者偶尔会通过手势传达言语中缺少的方式信息，而卫星框架语言者通过手势强调路径信息（Choi & Lantolf，2008；Chui，2011；Gullberg et al.，2008）。对运动事件非言语行为的跨语言差异进行了大量的研究，研究结果显示，当卫星框架语言者和动词框架语言者判断不同运动事件的相似性时，往往基于路径而不是方式。然而，当对复杂运动事件的方式进行回忆时，卫星框架语言者比动词框架语言者表现突出（Filipovic，2011）。

先把方式和路径的问题放置于一边，我们来关注运动事件跨语言研究的另一个主题：运动终点的编码。设想这样一个情景，一只鼹鼠在路上跑，路的尽头是一个洞穴。操瑞典语者通常这样描述此情景：鼹鼠向洞穴跑去。而讲英语的人通常描述为：一只鼹鼠正在奔跑。

我们可以看出，这两种语言存在差异。首先，采取的时间视角不同。瑞典语没有明确时间的表达；而英语选取了进行时。其次，对运动终点或目标的编码两种语言也存在差异。几项研究已表明，如果语言中有体语法标记，说这种语言的人跟说没有体语法标记的语言的人相比往往不太关注终点（Athanasopoulos & Bylund，2013；Flecken & Carroll，2014）。

有些语言中有完成体和未完成体的语法标记，这表明在对事物状态进行概念化的过程中，内部的时体特征得到凸显。因此，讲这种语言的人对事件的进行状态比较敏感，聚焦于运动事件的展开过程，忽略事件的运动终点。与此相反，对于没有完成体和非完成体语法标记的语言，说这种语言的人往往采用整体视角，因此运动终点包括在内。

体范畴的影响并不仅仅限于言语行为，也伴随着非言语行为。对伴随行为的研究表明（Carroll et al.，2006；Stutterheim et al.，2012），在言语表达之前，即在言语表达的准备过程中，讲没有体标记语言者，往往把眼光扫向运动事件的终点部位，讲体标记语言者往往忽略运动事件的终点。对非言语行为的研究表明，在判断具有不同程度方向性差异的运动事件的相似性时，讲没有体标记语言者更关注运动事件的终点（Flecken et al., 2014；Bylund & Athanasopoulos, 2014）。

　　鉴于在运动事件中发现的语言和思维之间的跨语言差异，有些学者对这一领域的二语习得者进行了研究。研究结果发现，二语习得者在习得运动事件时，面对一系列的挑战，第一个挑战是来自与目的语运动事件表达相关的词汇和语法范畴的挑战，涉及运动的方式和路径，二语习得者必须掌握母语和目的语之间词项的语义关系。比如，学习瑞典语时，讲英语的人和西班牙语的人必须认识到瑞典语缺乏类属运动动词，通常是由特定的方式动词来表达。至于运动终点的表达，学习者首先要习得表达时间分布的范畴。比如，学习英语或西班牙语的瑞典人必须知道，这些语言对于时间分布的编码有语法上的差异，比如进行体、完成体。掌握了这些基本的语义差别后，学习者面对的第二个挑战是语义表征的句法框架，如何把方式、路径信息映射到动词、小品词、动名词中，并遵守目的语的句法限制，使其符合目的语的表达习惯。比如，动词框架语言西班牙语通常不允许方式动词与表示终点位置变化的词连接在一起，而卫星框架语言英语没有这种限制。

　　学习者面对的第三个挑战是言语行为、非言语行为、伴随言语行为习得的首选模式。在选择和组织言语信息时，要关注运动概念的相对凸显度。已有研究表明不同层次水平的二语习得者往往用跟母语类似的方式表达方式信息（Cadierno & Lund, 2004；Cadierno & Ruiz, 2006；Hendriks & Hickmann, 2011；Stam, 2006）。关于运动终点的表述也有类似的报道，二语学习者往往会编码运动终点（Schmiedtova et al.；Donoso & Bylund, 2014；Carroll et al., 2012）。伴随言语行为的研究表明，二语习得者有时候通过手势表达言语中没有表达的运动概念。关于视觉分配的研究发现，二语习得者在很大程度上遵循母语表达模式（Schmiedtova et al., 2011；Carroll et al., 2006）。对非言语行为的现有研究结果表明，二语习得者根据目的语的特点，确实可能重构编码方式，但重构的程度取决于以下因素：二语使用的频率、试验测试语境的交互性以及二语习得者的年龄（Bylund et al., 2013；Bylund & Athanasoppoulos, 2014）。

学习一门新的语言会改变谈论运动事件的言行及思考方式吗？聚焦运动事件的动因有两个：第一个动因是在人类的日常生活中，运动无处不在，极易成为人们交流的话题。我们对运动进行的感知、评论、分类以及记忆，要经受不同的认知加工过程。第二个动因是运动域在某种程度上讲很复杂，因此会有大量与之相关的因语言而异的行为。二语习得者要面对的就是习得新的方式表达和思考运动事件。因为运动存在的普遍性以及运动行为语言表达的多样性，所以很适合作为二语习得研究的主题。

研究者运用不同的方法研究二语习得者关于运动事件的语言和思维的关系，这些研究涉及言语内容的准备、句子加工、注意力分配、手势语和非言语范畴。研究深深植根于认知科学领域的研究方法，这非常重要。有些研究者试图调查二语习得者关于语言和思维的关系，但所使用的研究方法不能区分言语行为、言语伴随行为以及非言语行为，因此，研究结果不能用来解释信息构建的跨语言差异。对二语习得者概念加工过程及信息的表征的研究，有些研究要么没有把参与人的二语特征考虑在内，要么只是点到为止（Loucks & Pederson, 2010；Munnich et al., 2001）。已有研究表明，学习另一门语言对概念的表征会有调节作用（Bylund & Athanasopoulos, 2014；Pavlenko, 2011），因此，研究方法存在的问题使研究结果的可信性大打折扣。

同时，相关研究的理论取向也存在差异。有些研究（Brown，2015；Hendriks & Hickmann，2015；Stam，2015）基于 Talmy 的类型学框架，利用这一框架分析言语和手势语中运动的方式和路径。研究者也对这一框架的局限性以及同一类型框架内的语言的差异进行了讨论。Tomczak 和 Ewert（2015）利用 Talmy 对虚拟运动的分析以及体验认知方法研究句子的加工，对虚拟运动的普遍存在性提出了质疑。有些研究（Athanasopoulos et al. 2015；Bylund and Athanasopoulos，2015；Flecken et al.，2015）从语法中是否存在体标记这一角度出发，研究了不同语言对运动轨迹和运动终点的关注度及范畴化的不同。Flecken 等（2015）认为，这一角度可以看作对 Talmy 类型学方法的补充。理论框架的结合对于探究运动事件的语义复杂性以及不同语言运动事件的语义成分很有意义，有利于二语习得者掌握地道、标准的目的语。

第四节　言语证据与非言语证据

言语证据和非言语证据的区别是研究语言相对论的基石。言语证据是明确的言语产出的行为数据，往往用叙述的方法，比如图片描述、电影复述等。非言语证据不涉及明确的言语产出和言语理解。而是通过感知、分类、排序、物体和事件配对等方法获取数据信息。除言语证据和非言语证据，第三种证据来自伴随言语的行为，比如手势、视觉注意力分配（Gullberg，2011）。学者们努力确定一种方法来规避明确的言语产出和言语理解（Boroditsky, Fuhrman & McCormick, 2011; Dolscheid et al., 2013; Levinson, Kita, Haun & Rasch, 2002; Lucy,

1992；Thierry et al.，2009）。换言之，为了证明语言对思维的影响，非言语的研究是研究的前提。运动事件研究领域的成果表明了区分言语证据和非言语证据的重要性。

世界上的语言对运动事件语义信息的选择和编排具有显著的差异。在卫星框架语言中，运动方式信息典型地编码于动词，而动词卫星词编码路径信息。在动词框架语言中，动词编码路径信息，方式信息有选择地被编码于附加语。基于这种跨语言的差异，我们得出结论，讲卫星框架语言的人倾向于关注运动方式，而讲动词框架语言的人更有可能关注路径。讲英语的人使用更多的方式动词，讲西班牙语者使用更多的路径动词。基于这种言语行为的差异，从而得出非言语行为差异，从而陷入循环论证的尴尬境地，这也是困扰早期语言相对论研究的问题。现在的研究表明，讲卫星框架语言者和动词框架语言者按照同样的参数对运动进行感知（Gennari，Sloman Malt & Fitch，2002；Gleitman & Papafragou，2013；Trueswell & Papafragou，2010）。

语言相对论研究范式关注非言语行为，Slobin 的"思而言"研究范式关注言语行为。根据"思而言"假说，说话人关注并表达语言中容易编码的语义信息。越来越多的证据表明，讲不同语言的人选择和编码信息的差异源自他们可利用的词汇和语法范畴（Berman & Slobin，1994；Verhoeven & Stromqvist，2001；Jarvis & Pavlenko，2008）。对语言相对论感兴趣的二语习得者要认识到言语证据和非言语证据的重要差异。Slobin 曾经很认真地指出"思而言"假说不能跟语言和思维的相对关系相混淆，它并不能对一个人观察世界的方式或思维进行预测。同样，仅仅基于言语数据，把概念迁移作为语言相对论的证据也有悖于相对论研究基本的方法论要求。

时至今日，大量的研究调查了二语习得者的"思而言"现象（Benazzo, Flecken & Soroli, 2012; Han & Cadierno, 2010; Jarvis, 2011; Pavlenko, 2011）。这些研究让我们认识到在二语习得过程中信息结构习得的不同过程。关于二语习得者非言语行为的现有证据比较少，因此，在语言表征之外，我们对于习得一门新的语言对认知过程产生影响的范围和本质了解甚少。言语研究方法和非言语研究方法没有孰优孰劣的区分，各自都有存在的价值。如果我们想要认识语言行为之外的认知过程，很有必要把基于二语习得的语言和思维关系研究扩展到非言语研究领域。

语言相对论研究的现代研究方法基于两个基本信条，一是相似性是范畴划分的基础，二是范畴化是人类认知的基本因素。非言语行为通常通过认知任务实施，这些认知任务都需要范畴化能力。认知任务有两种类型：一种是高水平认知过程，通常发生在认知过程的后期，比如，范畴判断、评估、分类等；另一种是低水平认知过程，具有自动和无意识特点，比如，察觉、视觉搜寻。

典型的高水平认知过程可以通过三个一组的匹配实验（triads-matching task）来体现，实验要求参加者基于相似性程度，从两个备选刺激物中，选出与目标刺激物更相配的一个，这种方法被大量运用于不同语言中对物体和物质进行范畴化的研究中，这些语言通常具有不同的名词分类系统。有这样一个实验，将一个纸板盒作为目标物体，有两个备选物体，一个是塑料盒，另一个是一片纸板，基于物体的形状或材料，那么哪一个更匹配目标物体呢？说具有强制数标记语言的人，比如，讲英语的人，往往基于物体的形状进行匹配；而说具有量词的语言的人，比如，日语或玛雅语，这两种语言缺乏数标记，讲这两种语言的人更喜欢根据物质的材料进行匹配（Imai & Gentner, 1977）。对母语是日语、二语是英语的双语者进行研究，结果表明，如果学习了一门具有不同分类系统的新语言，对物体范畴化的倾向性会发生改变。日、英双语者往往比日语单语者更倾向基于形状进行相似性判断（Athanasopoulos & Kasai，2008；Athanasopoulos，2007）。

Bylund、Athanasopoulos 和 Oostendorp（2013）以及 Bylund、Athanasopoulos（2014）调查了学习新的语言后对运动事件认知的影响，说具有体标记语言的人跟说没有体标记语言的人相比，更少关注运动终点。相关实验要求参加者根据目标取向，从两个备选视频片段中，选出一个与目标视频片段相匹配的一个。结果表明，母语是科萨语或南非荷兰语的学习者，学了英语和其他具有体标记语言后，更经常也更有可能，根据目标取向匹配视频片段的概率更低，就像英语母语者一样。

还有一种实验方法是回忆辨别任务，测试识别之前经历过的刺激的能力，根据英语和西班牙语编码运动事件存在的跨语言差异，Filipovic（2011）设计了一个识别测验，测试西班牙语和英语双语者和单语者对复杂运动事件（涉及不同运动方式）的回忆情况。结果表明，英语母语者比西班牙语母语者和西班牙语、英语双语者能更好地识别运动方式的改变。

还有学者研究了语言对时间和音高的感知（Casasanto，2008；Casasanto et al.，2004；Dolscheid et al.，2013）。Casasanto 等调查了时空隐喻对时间评估的影响。希腊语像西班牙语一样，事件的持久性使用数量词来表达，比如，much time；而在英语和印度尼西亚语中，持久性通过距离表达，比如，long distance。结果表明，不同于希腊语和西班牙语者，英语和印度尼西亚语者根据计算机屏幕上呈现的线段长短来判断其在屏幕上闪现的时间长短，错误地认为线段短，在屏幕上闪现的时间短，线段长，闪现的时间长，而实际上，线段闪现的时间是一样的。实验换成观看填充容器的动画，希腊语和西班牙语者受到容器内物质填充数量的影响，感觉填满的容器比半满的容器填充的时间长，这并不适用于英语者和西班牙语者。这一实验有待于扩展到双语者。

低水平认知过程的证据来源于脑电技术，Athanasopoulos和他的同事做了一个颜色感知实验，比较有典型性。实验受试者是住在英国的希腊人，母语为希腊语，二语为英语，还有英语单语者。希腊语用两个完全不同的单词分别表示浅蓝色和深蓝色。研究者改编了视觉刺激程序的实验方法，把颜色、亮度和形状不同的刺激物呈现给受试者，当他们在一系列的圆形刺激物中看到方形刺激物时，按一下按钮，并没有告知他们去关注刺激物的颜色与亮度，同时测量他们的脑电活动。结果发现，双语者对于蓝色的感知与绿色相比，脑电显示出较大的视觉失匹配负波，英语单语者对于蓝色和绿色的视觉失匹配负波没有太大差异。

在语法性别领域，也发现了感知层次的跨语言差异。Boutonnet、Athanasopoulos和Thierry在英语单语者和英语、西班牙语双语者中做了一个实验。不同于英语，西班牙语的每个名词都有阴性和阳性之分。在实验中，受试者观测三个一组的序列图片，然后回答第三张图片和前两张图片是否属于同一语义范畴，在辨别是否属于同一语义范畴方面，两组受试者没有表现出差异。但是ERP（事件相关电位）证据表明，英语和西班牙语名词的性的不一致性引发了双语者大脑左前方负极性调节，即一种违反句法行为的反应。英语单语者没有这种现象发生。这些证据表明，双语者自动激活这一语法范畴，为语言相对论在这一领域的影响提供了证据。

学界已经开展了许多研究来调查在非言语任务中语言表征

在多大程度上被激活。这些研究很重要，因为能帮助我们更好地理解非言语实验中认知过程的本质，以及语言影响思维的特定方式。研究中用到了三种方法：言语干扰法、经颅直流电刺激和偏侧化方法。言语干扰法就是在完成主要认知任务（比如对颜色进行分类）的同时，伴随另外一个任务，比如重复音节或数字。如果语言系统同时从事两种不同的任务，依赖言语资源完成主要认知任务的可能性就会降低。对高层次任务的研究发现，引入言语干扰后，跨语言差异就消失了（Athanasopoulos & Bylund, 2013；Trueswell & Papafragou, 2010；Winawer, 2007）。经颅直流电刺激技术是一种非侵袭性的脑刺激方法，在范畴化过程中，可以用来调节语言资源的使用。从理论上讲，它类似于言语干扰法。通过头皮传送弱电流，调节目标区域的大脑活动，依靠电极的排列来提高或降低认知结果。Lupyan、Mirman、Hamilton和Thompson-Schill（2012）发现，下调布洛卡区的活动，会损害英语者的范畴化行为，基于英语特定的感知特点，选择性形成范畴的能力下降。偏侧化方法解决了非言语任务中言语参与的问题，该方法通过操纵实验刺激呈现的视觉域来完成研究。大脑的左半球掌控语言，视觉域在对侧，这些研究是为了验证在认知过程中，跨语言差异是否受制于对侧一半视觉的非对称性。对视觉域的研究发现，当刺激呈现于右视觉域而不是左边的语言域时，对特定语言的范畴感知更强烈。

综上所述，通过不同的方法得出的结论表明，在特定的情况下，语言会诱导一种特定的行为或反映。这些研究成果加深了我们对人类心智认知结构，以及语言知识在认知过程中的作用的认识。

然而，这些证据也提出了一个关于非言语任务的本质的、潜在的问题：语言在非言语任务中起一定的作用，这一事实能不能说明非言语任务事实上也属于言语任务呢？非言语任务引出的是非言语结果，比如某种范畴化，刺激物通常是图片、视频、物体、颜色等，这一过程可能会用到语言，但并不能说这一实验任务或数据是言语行为的，这只能表明语言侵犯了我们的思维。事实上，问题不是非言语任务是否受言语的影响，而是语言在多大程度上、以什么方式侵入到我们的言语行为。

非言语任务中语言的出现并不能表明，非言语证据中的语言现象等同于言语中的证据。比如，对运动事件的研究表明，操动词框架语言者在描述运动事件时，大约用20%的时间编码方式信息，而操卫星框架语言者，则用大约70%的时间。在判断运动相似性时，操卫星框架语言者用50%的时间判断运动方式，而操动词框架语言者运用30%的时间。

描述二语习得对认知产生的作用需要回答三个问题：第一，概念知识如何在记忆中表征？第二，在认知任务中这些知识如何被利用产生相对论效应？第三，语言学习对非言语认知过程产生影响的机制是什么？只有弄清概念表征的本质，才能解释语言学习者的认知改变是怎么产生的。

对概念表征的神经科学研究已经表明，不同于我们的传统观念，语言并不是一个独立的模块，并不是与其他认知过程相分离的，词汇和语法系统彼此相连，并且与非言语认知系统相连（Pulvermuller，2003）。这种高度交互性表征可以在生物神经科学中找到渊源，并且得到了临床证据的支持（Humphreys & Forde，2001）。概念表征是分布式的神经元网络，使得词汇和语法范畴与人的视觉、行为、嗅觉、躯体感觉等彼此相连（Kiefer & Pulvermuller，2012）。换句话说，大脑中的概念是以分布表征的方式组织起来的，因此，记忆中的概念表征蕴含着彼此关联的感觉、行为以及语言知识。比如，实验参加者加工颜色词"绿"时，大脑的视觉域和语言域会无意识地自动被同时激活（Siok et al.,2009）。当对名词，如肉桂、咖啡或动词踢、舔、跑进行加工时，相应的语言区域被激活，动词会另外激活感觉运动大脑皮层的躯体特定区域（Pulvermuller，2005），而前者激活的是大脑的嗅觉域（Pulvermuller & Fadiga，2010）。这些证据表明，概念是多模态表征的，包含语言和非语言知识。Levin 和 Slobin 收集的运动方式动词见表 8.1。

表 8.1 Levin 和 Slobin 收集的运动方式动词

	Levin's（1993）	Slobin's（2003，2004）
overlap	amble、bolt、bounce、bound、canter、charge、clamber、climb、coast、crawl、creep、dart、dash、drift、drop、flit、float、fly、gallop、glide、hasten、hike、hop、hurry、inch、jog、jump、leap、limp、lope、march、meander、mosey、plod、prance、promenade、race、ramble、roll、run、rush、sashay、saunter、scamper、scoot、scramble、scurry、scuttle、shuffle、skip、skitter、slide、slink、slither、sneak、somersault、speed、spin、stagger、stomp、stride、stroll、strut、stumble、swagger、sweep、swing、swim、tiptoe、toddle、totter、traipse、tramp、trot、trudge、twirl、waddle、wade、walk、wander、zoom	
individual	backpack、bowl、carom、cavort、clump、coil、dodder、file、frolic、gambol、goosestep、hobble、hurtle、journey、lollop、lumber、lurch、mince、move、nip、pad、parade、perambulate、prance、prowl、revolve、roam、romp、rotate、rove、scram、scud、scutter、shamble、sidle、skedaddle、skulk、sleepwalk、slog、slouch、stray、streak、tack、tear、travel、trek、troop、turn、twist、vault、whirl、whiz、wind、zigzag	barge、bike、buck、brush、bump、burst、buzz、caravan、careen、chase、carry、come、crash、cut、dance、dawdle、depart、dip、dive、drag、drive、dump、edge、escape、fall、flap、flee、flitter、flop、follow、go、grope、head、hide、jaunt、jet、knock、land、leave、loiter、lollygag、pace、pedal、perch、oneself、plummet、plunge、poke、pony、pop、push、ride、rollerblade、rustle、sail、scale、shoot、skate、ski、slip、splash、spring、sprint、stalk、step、struggle、swarm、swoop、throw、thread、thrust、tip、toboggan、trap、trip、truck、tumble、waltz、wiggle、work、zip

第五节 小结

当前对语言和思维关系的实验研究主要有两种路径，这两种路径对思维的认识及采用的方法不同。一种路径是接受沃尔夫的思想，关注语言对非言语行为的影响。根据沃尔夫的语言相对论思想，操不同语言者受各自语言的语法的引导，对世界有不同的认识行为，因此一定会产生不同的世界观。另一种路径是以Slobin的理论为基础。Slobin（1996）提出了"思而言"假设，认为，在准备说话内容的时候，操不同语言者思考的内容不同。具体来讲，说话者更关注并愿意表达那些语言中有现成编码方式的内容。在语言相对论研究范式内，关注的焦点是非言语行为，而"思而言"研究范式关注的是言语行为。

参考文献

[1] BEAVERS J, LEVIN B, THAM S. The typology of motion expressions revisited[J]. Journal of Linguistics, 2010(46): 331-377.

[2] BERMAN R, SLOBIN D.Relating events in narrative: a cross-linguistic developmental study[M].Hillsdale, NJ: Lawrence Erlbaum, 1994.

[3] BOHNEMEYER J, EISENBEISS S, NARASIMHAN B. Ways to go: Methodological considerations in Whorfian studies on motion events[J]. Essex Research Reports in Linguistics, 2006(50): 1-20.

[4] BOHNEMEYER J, PEDERSON E.Event representation in language and cognition[M].Cambridge: Cambridge University Press, 2011.

[5] BROWN A, GULLBERG M. Bidirectional crosslinguistic influence in L1-L2 encoding of manner in speech and gesture: a study of Japanese speakers of English[J]. Studies in Second Language Acquisition, 2008(30): 225-251.

[6] BROWN A, GULLBERG M.Changes in encoding of path of motion in a first language during acquisition of a second

language[J]. Cognitive Linguistics, 2010（21）: 263-286.

[7] CARDINI F. Manner of motion saliency: an inquiry into Italian[J]. Cognitive Linguistics, 2008（19）: 533-570.

[8] CARDINI F.Evidence against Whorfian effects in motion conceptualization[J]. Journal of Pragmatics, 2010（42）: 1442-1459.

[9] DALLER M, TREFFERS-DALLER J, FURMAN R.Transfer of conceptualization patterns in bilinguals: the construal of motion events in Turkish and German[J]. Bilingualism: Language and Cognition, 2011（14）: 95-119.

[10] FILIPOVIC L. Speaking and remembering in one or two languages: Bilingual vs. Monolingual lexicalization and memory for motion events[J]. International Journal of Bilingualism, 2011（15）: 466-485.

[11] FINKBEINER M, NICOL J, GRETH D, et al. The role of language in memory for actions[J].Journal of Psycholinguistic Research, 2002（31）: 447-457.

[12] GENNARI S, SLOMAN S, MALT B, et al. Motion events in language and cognition[J]. Cognition, 2002（83）: 49-79.

[13] GOR K, COOK S, MALYUSHENKOVA V, et al. Verbs of motion in highly proficient learners and heritage speakers of Russian[J]. Slavic and Eastern European Journal, 2009（53）: 386-408.

[14] GULLBERG M. Thinking, speaking, and gesturing about motion in more than one language[M]//PAVLENKO A.Thinking and speaking in two languages. Bristol, UK: Multilingual Matters, 2011.

［15］HASKO V.The locus of difficulties in the acquisition of Russian verbs of motion by highly proficient learners[J]. Slavic and Eastern European Journal, 2009（53）: 360-385.

［16］HASKO V. Semantic composition of motion verbs in Russian and English: the case of intratypological variability[M]. Philadelphia: John Benjamins Pub, 2010.

［17］HASKO V.The role of thinking for speaking in adult L2 speech: the case of (non) unidirectionality encoding by American learners of Russian[M]. UK: Multilingual Matters, 2010.

［18］HASKO V, PERELMUTTER R. New approaches to Slavic verbs of motion[M].Philadelphia/Amsterdam: John Benjamins, 2010.

［19］HOHENSTEIN J, EISENBERG A, NAIGLES L. Is he floating across or crossing afloat? Cross-influence of L1 and L2 in Spanish-English bilingual adults[J]. Bilingualism: Language and Cognition, 2006（9）: 249-261.

［20］IAKOVLEVA T. Typological constraints in foreign language acquisition: the expression of voluntary motion by upper intermediate and advanced Russian learners of English[J]. Language, Interaction, and Acquisition, 2012（3）: 231-260.

［21］IMAI M, GENTNER D. A cross-linguistic study of early word meaning: universal ontology and linguistic influence[J]. Cognition, 1997（62）: 169-200.

［22］IMAI M, MAZUKA R.Reevaluating linguistic relativity: language-specific categories and the role of universal ontological knowledge in the construal of individuation[M]//

GENTNER D, GOLDIN-MEADOW S .Language in mind: advances in the study of language and thought . Cambridge, MA: The MIT Press, 2003.

[23] IMAI M, MAZUKA R. Language-relative construal of individuation constrained by universal ontology: revisiting language universals and linguistic relativity[J]. Cognitive Science, 2007(31): 385-413.

[24] JARVIS S. Short texts, best-fitting curves and new measures of lexical diversity[J]. Language Testing, 2002, 19(1): 57-84.

[25] JARVIS S, ODLIN T. Morphological type, spatial reference, and language transfer[J].Studies in Second Language Acquisition, 2000 (22): 535-556.

[26] JARVIS S, PAVLENKO A. Cross-linguistic influence in language and cognition[M]. New York/London: Routledge, 2008.

[27] LARRANAGA P, TREFFERS-DALLER J, TIDBALL F, et al. L1 transfer in the acquisition of manner and path in Spanish by native speakers of English[J]. International Journal of Bilingualism, 2011(16): 117-138.

[28] LEVINSON S, ILKINS D. Grammars of space: explorations in cognitive diversity[M]. Cambridge: Cambridge University Press, 2006.

[29] LI P, DUNHAM Y, CAREY S. Of substance: the nature of language effects on entity construal[J]. Cognitive Psychology, 2009 (58): 487-524.

[30] LOUCKS J, PEDERSON E.Linguistic and nonlinguistic

categorization of complex motion events[M]//BOHNEMEYER J, PEDERSON E.Event representation in language and cognition. Cambridge: Cambridge University Press, 2011.

[31] LUCY J. Grammatical categories and cognition: a case study of the linguistic relativity hypothesis[M].Cambridge: Cambridge University Press, 1992.

[32] LUCY J. The scope of linguistic relativity: an analysis and review of empirical research[M]//GUMPERZ J, LEVINSON S.Rethinking linguistic relativity. Cambridge: Cambridge University Press, 1996.

[33] MAGUIRE M, HIRSH-PASEK K, MICHNICK GOLINKOFF R, et al. A developmental shift from similar to language specific strategies in verb acquisition: a comparison of English, Spanish, and Japanese[J]. Cognition, 2010 (114): 299-319.

[34] PAPAFRAGOU A, HULBERT J, TRUESWELL J. Does language guide event perception? Evidence from eye movements[J]. Cognition, 2008 (108): 155-184.

[35] PAPAFRAGOU A, MASSEY C, GLEITMAN L. Shake, rattle, 'n' roll: the representation of motion in language and cognition[J]. Cognition, 2002 (84): 219-289.

[36] PAPAFRAGOU A, SELIMIS S.Event categorization and language: a cross-linguistic study of motion[J]. Language and Cognitive Processes, 2010 (25): 224-260.

[37] PAVLENKO A. Verbs of motion in L1 Russian of Russian-English bilinguals[J]. Bilingualism: Language and

Cognition, 2010（13）: 49-62.

［38］PAVLENKO A. The bilingual mind and what it tells us about language and thought[M]. Cambridge: Cambridge University Press, 2014.

［39］POLINSKY M. Heritage language narratives[M]// BRINTON D, KAGAN O, BAUCKUS S.Heritage language education: a new field emerging. New York: Routledge, 2008.

［40］REGIER T, ZHENG M. Attention to endpoints: a cross-linguistic constraint on spatial meaning[J].Cognitive Science, 2007（31）: 705-719.

［41］SEGALOWITZ N.Cognitive bases of second language fluency[M]. New York/London: Routledge, 2010.

［42］BOHNEMEYER J, SWIFT M.Event realization and default aspect[J]. Linguistics and Philosophy, 2004（27）: 263-296.

［43］CARROLL M, WEIMAR K, FLECKEN M, et al. Tracing trajectories: motion event construal by advanced L2 French-English and L2 French-German speakers[J]. Language, Interaction and Acquisition, 2012（3）: 202-230.

［44］CHEN L, GUO J. Motion events in Chinese novels: evidence for an equipollently-framed language[J]. Journal of Pragmatics, 2009（41）: 1749-1766.

［45］COMRIE B. Aspect: an introduction to the study of verbal aspect and related problems[M].Cambridge: Cambridge University Press, 1976.

［46］CROFT W. Verbs: aspect and causal structure[M].

Oxford: Oxford University Press, 2012.

[47] DEFINA R. Do serial verb constructions describe single events? A study of co-speech gesture in Avatime[J].Language, 2016 (92): 890-910.

[48] DE KNOP S, GALLEZ F.Manner of motion: a privileged dimension of German expressions[J].International Journal of Cognitive Linguistics, 2011 (2): 25-40.

[49] FILIPPO-ENRICO C. Manner of motion saliency: an inquiry into Italian[J]. Cognitive Linguistics, 2008 (19): 533-570.

[50] FLECKEN M.What native speaker judgments tell us about the grammaticalization of a progressive aspectual marker in Dutch[J]. Linguistics, 2011 (49): 479-524.

[51] FLECKEN M, CARROLL M, VON STUTTERHEIM C.Grammatical aspect influences motion event perception: findings from a cross-linguistic nonverbal recognition task[J].Language and Cognition, 2014 (6): 45-78.

[52] FLECKEN M, CARROLL M, WEIMAR K, et al.Driving along the road or heading for the village? Conceptual differences underlying motion event encoding in French, German, and French-German L2 users[J]. Modern Language Journal, 2015 (99): 100-122.

[53] GENNARI S P, SLOMAN S A, MALT B C, et al.Motion events in language and cognition[J]. Cognition, 2002 (83): 49-79.

[54] GEORGAKOPOULOS T, HÄRTL H, SIOUPI A. Goal realization: an empirically based comparison between English,

German, and Greek [J].Languages in Contrast, 2019（19）: 280-309.

[55] GERWIEN J, STUTTERHEIM C. Event segmentation: crosslinguistic differences in verbal and non-verbal tasks[J]. Cognition, 2018（180）: 225-237.

[56] HICKMANN M, HENDRIKS H. Typological constraints on the acquisition of spatial language in French and English[J]. Cognitive Linguistics, 2010（21）: 189-215.

[57] IBARRETXE-ANTUÑANO I. Language typology in our language use: the case of Basque motion events in adult oral narratives[J]. Cognitive Linguistics, 2004（15）: 317-349.

[58] JACKENDOFF R. Semantics and cognition[M]. Cambridge: MIT Press, 1983.

[59] JI Y, HENDRIKS H, HICKMANN M. The expression of caused motion events in Chinese and in English: some typological issues[J]. Linguistics, 2011（49）: 1041-1077.

[60] JI Y L, HOHENSTEIN J. Conceptualising voluntary motion events beyond language use: a comparison of English and Chinese speakers' similarity judgments [J]. Revue internationale De Linguistique Generale, 2017（195）: 57-71.

[61] KAN Z. Motion-event typology in mandarin Chinese revisited[J]. Contemporary Linguistics, 2010（2）: 126-135.

[62] KLEIN W. Time in language[M]. London: Routledge, 1994.

[63] KLEIN W, LI P, HENDRIKS H. Aspect and assertion in mandarin Chinese[J]. Natural Language & Linguistic Theory,

2000（18）：723-770.

［64］LAKUSTA L, LANDAU B. Starting at the end: the importance of goals in spatial language[J]. Cognition, 2005（96）: 1-33.

［65］LEVELT W J M. Speaking: from intention to articulation[M]. Cambridge: MIT Press, 1989.

［66］LIU L. How Chinese codes path of a motion: a typological study of motion events in modern Chinese[J]. Chinese Teaching in the World, 2014（3）: 322-332.

［67］MACMILLAN N A, CREELMAN C D. Detection theory: a user's guide [M]. Cambridge: Cambridge University Press, 1991.

［68］MADDEN C J, ZWAAN R A. How does verb aspect constrain event representations?[J] .Memory & Cognition, 2003（31）: 663-672.

［69］OCHSENBAUER A K, HICKMANN M. Children's verbalizations of motion events in German[J]. Cognitive Linguistics, 2010（21）: 217-238.

［70］PAPAFRAGOU A. Source-goal asymmetries in motion representation: implications for language production and comprehension[J]. Cognitive Science, 2010（34）: 1064-1092.

［71］PAPAFRAGOU A, HULBERT J, TRUESWELL J. Does language guide event perception? Evidence from eye movements[J]. Cognition, 2008（108）: 155-184.

［72］PAPAFRAGOU A, SELIMIS S. Event categorisation and language: a cross-linguistic study of motion[J]. Language and

Cognitive Processes, 2010 (25): 224-260.

[73] THE R CORE TEAM. A language and environment for statistical computing[M]. Vienna: R Foundation for Statistical Computing, 2016.

[74] REGIER T, ZHENG M. Attention to endpoints: a crosslinguistic constraint on spatial meaning[J].Cognitive Science, 2007 (31): 705-719.

[75] SHEN J.The resultative construction in Chinese: a typological perspective[J]. Chinese Teaching in the World, 2003 (3): 17-23.

[76] SHI W, WU Y. Which way to move: the evolution of motion expressions in Chinese[J]. Linguistics, 2014 (52): 1237-1292.

[77] TALMY L.Toward a cognitive semantics[M]. Cambridge: MIT Press, 2000.

[78] TALMY L. Lexicalization patterns: semantic structure in lexical forms[M].Cambridge: Cambridge University Press, 1985.

[79] TALMY L.Toward a cognitive semantics[M]. Cambridge: Mass, 2000.

[80] FILLMORE C. Frames and the semantics of understanding [J]. Quaderni di Semantica, 1985 (5): 222-254.

[81] LANGACKER R.Foundations of cognitive grammar[M]. Stanford: Stanford University Press, 1991.

[82] LANGACKER R. Grammar and conceptualization [M]. Berlin: Walter de Gruyter, 1999.

[83] UNGERER F, SCHMID H. An introduction to cognitive

linguistics [M]. Beijing: Foreign Language Teaching and Research Press, 2000.

[84] LEVIN B.English verb classes and alternations: a preliminary investigation[M]. Chicago: The University of Chicago Press, 1993.

[85] LANGACKER R.Reference-point constructions [J]. Cognitive Linguistics, 1993 (1): 1-38.

[86] UNGERER F, et al.An introduction to cognitive linguistics[M]. London: Longman, 1996.

[87] WILLIAM C, ALAN C.Cognitive linguistics[M]. Cambridge: Cambridge University Press, 2004.

[88] Lakoff G. Women, fire, and dangerous things[M]. Chicago: University of Chicago Press, 1987.

[89] WILLIAM C. Typology and universals[M]. Cambridge: Cambridge University Press, 2003.

[90] BIALYSTOK E. Bilingualism in development: language, literacy, & cognition[M]. Cambridge: Cambridge University Press, 2001.

[91] ATHANASOPOULOS P. Effects of the grammatical representation of number on cognition in bilinguals[M]. Bilingualism: Language and Cognition, 2006.

[92] ATHANASOPOULOS P. Interaction between grammatical categories and cognition in bilinguals: the role of proficiency, cultural immersion, and language of instruction[J]. Language and Cognitive Processes, 2007 (22): 689-699.

[93] ATHANASOPOULOS P, BYLUND E. Does

grammatical aspect affect motion event cognition?A cross-linguistic comparison of English and Swedish speakers[J]. Cognitive Science, 2013（37）: 286-309.

[94] ATHANASOPOULOS P, DAMJANOVIC L, KRAJCIOVA A, et al.Representation of colour concepts in bilingual cognition: the case of Japanese blues[M]. Bilingualism: Language and Cognition, 2011.

[95] BARNER D, INAGAKI S, LI P. Language, thought, and real nouns[J]. Cognition, 2009（111）: 329-344.

[96] BERLIN B. Basic color terms: their universality and evolution[M]. Berkeley: University of California Press, 1969.

[97] BORODITSKY L. Does language shape thought?Mandarin and English speakers'conceptions of time[J]. Cognitive Psychology, 2001（43）: 1-22.

[98] BROWN A, GULLBERG M. Bidirectional crosslinguistic influence in L1–L2 encoding of manner in speech and gesture: a study of Japanese speakers of English[J]. Studies in Second Language Acquisition, 2008（30）: 225-251.

[99] BYLUND E. Segmentation and temporal structuring of events in early Spanish–Swedish bilinguals[J]. International Journal of Bilingualism, 2001（15）: 56-84.

[100] BYLUND E, ATHANASOPOULOS P. Linguistic relativity in SLA: towards a new research program[J].Language Learning, 2014（64）: 952-985.

[101] BYRAM M, HOLMES P, SAVVIDES N. Intercultural communicative competence in foreign language education: questions

of theory, practice and research[J]. The Language Learning Journal, 2013 (41): 251-253.

[102] BYRNES H. The cultural turn in foreign language departments: challenge and opportunity[J]. Profession, 2002 (3): 114-129.

[103] CADIERNO T, RUIZ L. Motion events in Spanish L2 acquisition[J]. Annual Review of Cognitive Linguistics, 2006 (4): 183-216.

[104] CARROLL M, WEIMAR K, FLECKEN M, et al. Tracing trajectories: motion event construal by advanced L2 French-English and L2 French-German speakers[J]. Language, Interaction and Acquisition, 2012 (3): 202-230.

[105] CASASANTO D. Who's afraid of the big bad Whorf? Cross linguistic differences in temporal language and thought[J]. Language Learning, 2008 (58): 63-79.

[106] CHEN L, GUO J. Motion events in Chinese novels: Evidence for an equipollently-framed language[J]. Journal of Pragmatics, 2009 (41): 1749-1766.

[107] CHOI S, LANTOLF J P. Representation and embodiment of meaning in L2 communication[J]. Studies in Second Language Acquisition, 2008 (30): 191-224.

[108] CHUI K. Do gestures compensate for the omission of motion expression in speech?[J]. Chinese Language & Discourse, 2011 (2): 153-167.

[109] COOK V. Discussing the language and thought of motion in second language speakers[J]. Modern Language Journal,

2015（99）：154-164.

［110］COOK V, BASSETTI B. Language and bilingual cognition[M]. New York: Psychology Press, 2011.

［111］FILIPOVIC L. Speaking and remembering in one or two languages: Bilingual vs. Monolingual lexicalization and memory for motion events[J]. International Journal of Bilingualism, 2011（15）: 466-485.

［112］FLECKEN M. Event conceptualization by early Dutch-German bilinguals: insights from linguistic and eye-tracking data[J]. Bilingualism: Language and Cognition, 2011（14）: 61-77.

［113］FLECKEN M, VON S C, CARROLL M.Grammatical aspect influences motion event perception: findings from a cross-linguistic nonverbal recognition task[J]. Language and Cognition, 2014（6）: 45-78.

［114］HICKMANN M, TARANNE P, BONNET P. Motion in first language acquisition: manner and path in French and English child language[J]. Journal of Child Language, 2009（36）: 705-741.

［115］HOHENSTEIN J, EISENBERG A, NAIGLES L. Is he floating across or crossing afloat? Cross-influence of L1 and L2 in Spanish-English bilingual adults[J].Bilingualism: Language and Cognition, 2006（9）: 249-261.

［116］IMAI M, GENTNER D. A cross-linguistic study of early word meaning: universal ontology and linguistic influence[J]. Cognition, 1997（62）: 169-200.

［117］INAGAKI S. Japanese learners' acquisition of English

manner-of-motion verbs with locational/directional PPs[J]. Second Language Research, 2002 (18): 3-27.

[118] JARVIS S, PAVLENKO A. Crosslinguistic influence in language and cognition[M]. New York: Routledge, 2008.

[119] KOERNER E. Toward a history of American linguistics[M]. London: Routledge, 2002.

[120] LANTOLF J P. Minding your hands: the function of gesture in L2 learning [M]. Oxford: Oxford University Press, 2010.

[121] LEVELT W. Speaking: from intention to articulation[M]. Cambridge: MIT Press, 1989.

[122] LUCY J A. Grammatical categories and cognition[M]. Cambridge: Cambridge University Press, 1992.

[123] LUCY J A. Language diversity and thought[M]. Cambridge: Cambridge University Press, 1992.

[124] MEISEL J M, CLAHSEN H, PIENEMANN M. On determining developmental stages in natural second language acquisition[J]. Studies in Second Language Acquisition, 1981 (3): 109-135.

[125] MONTRUL S. Agentive verbs of manner of motion in Spanish and English as second languages[J]. Studies in Second Language Acquisition, 2001 (23): 171-206.

[126] MUNNICH E, LANDAU B, DOSHER B A. Spatia language and spatial representation: a cross linguistic comparison[J]. Cognition, 2001 (81): 171-208.

[127] NEGUERUELA E, LANTOLF J P, JORDAN S R, et al. The "private function" of gesture in second language speaking

activity: a study of motion verbs and gesturing in English and Spanish[J]. International Journal of Applied Linguistics, 2004 (14): 113-147.

[128] OOSTENDORP M. New perspectives on crosslinguistic influence: language and cognition[J]. Language Teaching, 2012 (45): 389-398.

[129] Ozyurek A, KITA S, ALLEN S, et al. Development of cross-linguistic variation in speech and gesture: motion events in English and Turkish[J]. Developmental Psychology, 2008 (44): 1040-1054.

[130] PAPAFRAGOU A, HULBERT J, TRUESWELL J. Does language guide event perception? Evidence from eye movements[J]. Cognition, 2008 (108): 155-184.

[131] PAPAFRAGOU A, SELIMIS S. Event categorisation and language: a cross-linguistic study of motion[J]. Language and Cognitive Processes, 2010 (25): 224-260.

[132] PAVLENKO A. Emotion and emotion-laden words in the bilingual lexicon[J]. Bilingualism: Language and Cognition, 2008 (11): 147-164.

[133] PAVLENKO A. Thinking and speaking in two languages[M]. Clevedon: Multilingual Matters, 2011.

[134] PAVLENKO A, MALT B C. Kitchen Russian: cross-linguistic differences and first-language object naming by Russian-English bilinguals[J]. Bilingualism: Language and Cognition, 2011 (14): 19-45.

[135] REGIER T, KAY P. Language, thought, and color:

Whorf was half right[J]. Trends in Cognitive Sciences, 2009 (13): 439-446.

[136] RINGBOM H, JARVIS S. The importance of crosslinguistic similarity in foreign language learning[M]. New York: Wiley-Blackwell, 2011.

[137] ROBERSON D, DAVIDOFF J, et al. Color categories: evidence for the cultural relativity hypothesis[J]. Cognitive Psychology, 2005 (50): 378-411.

[138] SAALBACH H, IMAI M. Scope of linguistic influence: Does a classifier system alter object concepts?[J]. Journal of Experimental Psychology: General, 2007 (136): 485-501.

[139] SCHMIEDTOVA B. Traces of L1 patterns in the event construal of Czech advanced speakers of L2 English and L2 German[J]. International Review of Applied Linguistics in Language Teaching, 2013 (51): 87-116.

[140] STAM G. Thinking for speaking about motion: L1 and L2 speech and gesture[J]. International Review of Applied Linguistics in Language Teaching, 2006 (44): 145-171.

[141] SLOBIN D. Two ways to travel verbs of motion in English and Spanish[M]// SHIBATANI M, THOMPSON S.Grammatical constructions: their form and meaning. London: Oxford University Press, 1996.

[142] 董秀芳.词汇化: 汉语双音词的衍生和发展[M].成都: 四川民族出版社, 2002.

[143] 王寅.认知语言学[M].上海: 上海外语教育出版社, 2007.

[144] 王寅，严辰松.语法化的特征、动因和机制 [J].解放军外国语学院学报，2005（4）：1-5，68.

[145] 赵艳芳.认知语言学概论 [M].上海：上海外语教育出版社，2000.

[146] 匡芳涛，文旭.图形—背景的现实化 [J].外国语，2003（3）：24-31.

[147] 洪波，曹小云.《汉语语法化的历程》商兑 [J].语言研究，2004（3）：74-75.

[148] 孟琮.汉语动词用法词典 [Z].北京：商务印书馆，1999.

[149] 严辰松.英汉表达实现意义的词汇化模式 [J].外国语，2005（1）：24-30.

[150] 董秀芳.汉语的词库与词法 [M].北京：北京大学出版社，2005.

[151] 束定芳.认知语义学 [M].上海：上海外语教育出版社，2007.

[152] 朱德熙.语法讲义 [M].北京：商务印书馆，1982.

[153] 刘月华.趋向补语通释 [M].北京：北京语言文化大学出版社，1998.

[154] 孟琮.动词用法词典 [Z].上海：上海辞书出版社，1987.

[155] 王力.汉语史稿 [M].北京：中华书局，1980.

[156] 王力.汉语语法史 [M].北京：商务印书馆，1988.

[157] 唐晓磊.现代汉语运动类事件表达的结构特征 [J].天津外国语学院学报，2008（4）：12-16.

[158] 徐靖."移动样态动词＋处所宾语"的认知模式 [J].

语言教学与研究，2008（2）：20-23.

［159］齐沪扬.现代汉语空间问题研究 [M].北京：学林出版社，1998.

［160］沈家煊.现代汉语动补结构的类型学考察 [J].世界汉语教学，2003（3）：25-28.

［161］张敏.认知语言学与汉语名词短语 [M].中国社会科学出版社，1998.

［162］罗杏焕.英汉运动事件词汇化模式的类型学研究 [J].外语教学，2008，29（3）：29-33.

［163］周志培.汉英对比与翻译中的转换 [M].上海：华东理工大学出版社，2006.

［164］卢植.认知与语言 [M].上海：上海外语教育出版社，2006.

［165］邵志洪.英汉运动事件框架表达对比与应用 [J].外国语，2006（2）：33-40.

［166］霍恩比.牛津高阶英汉双解词典 [M].北京：商务印书馆，2004.

［167］罗思明.英语缓步类动词的语义成分及词化模式分析 [J].外语研究，2007（1）：12-16.

［168］吕冀平.复杂谓语 [M].北京：语文知识出版社，1957.

［169］郭大勇，郭庆.英汉民族思维方式与语言结构 [J].四川教育学院学报，2005（9）：90-92.

［170］王力.中国现代语法 [M].北京：商务印书馆，1943.

［171］沈家煊."语法化"研究综观 [J].外语教学与研究，1994（4）：17-25.

[172] 马庆株. "v来/去"与现代汉语动词的主观范畴[J]. 语文研究, 1997（3）: 18-20.

[173] 宋玉柱. 歧义结构"V+去/来"[J]. 语文月刊, 1995（6）: 20-23.

[174] 齐沪扬. 空间位移中主观参照"来/去"语用含义[M]//现代汉语问题研究. 上海: 学林出版社, 1998.

[175] 洪堡特. 论人类语言结构的差异及其对人类精神发展的影响[M]. 北京: 中国人民大学出版社, 1988.

[176] 严辰松. 运动事件的词汇化模式——英汉比较研究[J]. 解放军外国语学院学报, 1998（6）: 18-21.

[177] 马玉汴. 趋向动词的认知分析[J]. 汉语学习, 2005（6）: 34-39.

[178] 束定芳. 隐喻学研究[M]. 上海: 上海外语教育出版社, 2000.

[179] 索绪尔. 普通语言学教程[M]. 高名凯, 译. 北京: 商务印书馆, 1980.

[180] 滕守尧. 审美心理描述[M]. 北京: 中国社会科学出版社, 1985.

[181] 王寅. 语义理论与语言教学[M]. 上海: 上海外语教育出版社, 2001.

[182] 王寅. 认知语言学探索[M]. 重庆: 重庆出版社, 2005.

[183] 王艾录, 司富珍. 语言理据研究[M]. 北京: 中国社会科学出版社, 2002.

[184] 王德春. 论语言单位的任意性和理据性[J]. 外国语, 2001（2）: 70-74.

［185］维特根斯坦.逻辑哲学论[M].北京：商务印书馆，1962.

［186］维特根斯坦.哲学研究[M].李步楼，译.北京：商务印书馆，1996.

［187］文旭.认知语言学：诠释与思考[J].外国语，2001（2）：29-36.

［188］吴国华，彭文钊.论语言世界图景作为语言学的研究对象[J].外语与外语教学，2003（2）：5-9.

［189］徐烈炯.生成语法理论[M].上海：上海外语教育出版社，1988.

［190］亚里士多德.形而上学[M].吴寿彭，译.北京：商务印书馆，1983.

［191］袁毓林.汉语动词的配价研究[M].南昌：江西教育出版社，1998.

［192］张今.思想模块假说——我的语言生成观[M].开封：河南大学出版社，1999.

［193］张沛.隐喻的生命[M].北京：北京大学出版社，2004.

［194］张家骅，彭玉海，孙淑芳，等.俄罗斯当代语义学[M].北京：商务印书馆，2003.

［195］张志毅，张庆云.词汇语义学[M].北京：商务印书馆，2001.